Alles hat seine Zeit

1. Die Sonne geht unter

Hast du schon einmal einen Sonnenuntergang beobachtet? Wenn die Sonne sich am Horizont langsam immer tiefer zur Erde herabneigt, sich erst orange und dann fast rot verfärbt? Dabei taucht sie alles in ein wundersames, weiches und warmes Licht. Alles, was sie berührt, scheint in ihrem Licht noch einmal ganz besonders zu leuchten, bevor der Himmel dann langsam dunkel wird. Wohin wandert die Sonne wohl, wenn sie hinter dem Horizont verschwindet? Wenn sie sich von uns verabschiedet hat und wir schlafen gehen, schläft dann auch die Sonne? Hat sie, weit von uns entfernt, ihr eigenes Bett? Und wenn sie schläft, hört sie dann auf zu leuchten?

Nein, die Sonne hört nicht auf zu leuchten. Sie verkriecht sich nicht wie wir unter der Bettdecke und schlummert ein. Die Sonne wandert weiter. Immer weiter und weiter. Alle Länder auf der Welt hat sie schon gesehen, jedes Fleckchen Erde hat sie mit ihrem Licht beschienen. Wenn wir ihr Licht nicht mehr brauchen, weil unser Tag vorüber ist und wir schlafen gehen, dann bringt sie es anderen Menschen. Denen, die gerade aufstehen und für die ein neuer Tag beginnt. So wie zum Beispiel für Lisa. Früh am Morgen dringen die ersten Sonnenstrahlen durch die Rollläden vor ihrem Fenster. Lauter kleine helle Punkte wirft das Licht auf Lisas Bettdecke. Da kann sie nicht mehr länger liegen bleiben, sie schlüpft aus ihrem Bett und begrüßt den neuen Tag. Sie freut sich auf den Kindergarten und darauf, mit ihren Freunden zu spielen. Viele schöne Dinge warten auf sie, bis sie schließlich am Ende des Tages ganz müde wird von allem Erlebten.

Und als Lisa dann viele Stunden nach dem ersten Sonnenstrahl wieder schlafen geht und sich die Bettdecke bis zur Nasenspitze heraufzieht, da ist die Sonne schon weitergezogen. Auch an anderen Orten wird sie gebraucht. Gerade jetzt, während Lisa sich die müden Äuglein reibt, kitzelt viele Kilometer weit entfernt der erste Sonnenstrahl ein anderes Kind im Gesicht. Es hat auch einen langen, interessanten Tag vor sich. Und wenn es abends vor dem Schlafengehen einen letzten Blick aus dem Fenster wirft und sieht, wie das letzte Sonnenlicht verschwindet, dann ist es an einem anderen Ort, weit entfernt, für viele andere Kinder Zeit zum Aufstehen. Und bald danach auch wieder für Lisa und für dich.

Doch jetzt sagen wir der Sonne gute Nacht. Unser Tag ist zu Ende, wir schließen die Augen und dürfen ruhig und tief schlafen, bis morgen ein neuer Tag beginnt …

Wie herrlich ist das Licht und
wie wohltuend ist es für die Augen,
die Sonne zu sehen!

Prediger 11,7

9

2. Im Wald

Wenn Jule mit ihrem Papa im Wald spazieren geht, dann sucht sie sich immer einen ganz bestimmten Weg aus. Das ist ihr Lieblingsweg. Er führt vom Waldrand aus einen ausgetretenen, alten Pfad entlang, der sich zwischen dicken alten Bäumen hindurchwindet. Überall sind Wurzeln, die aus dem Boden herausragen und über die man immer wieder hinüberklettern muss. Der Pfad führt auch an einer kleinen, verträumten Waldlichtung vorbei. Und ganz zum Schluss geht es ein Stück weit an einem schmalen, leise plätschernden Bächlein entlang.

Unterwegs gibt es immer vieles zu entdecken. Im Herbst hat Papa mit Jule zusammen Pilze gesucht. Einen Teil davon gab es später zum Mittagessen und den Rest hat Mama in dünne Scheiben geschnitten, um sie im Backofen zu trocknen. Danach hat die ganze Küche nach Pilzen gerochen! Beim Sammeln der Pilze muss man aber sehr vorsichtig sein. Papa weiß genau, welche davon essbar sind und welche nicht. Immer wenn Jule etwas entdeckt hat, zeigt sie es Papa.

Inzwischen ist die Zeit für Pilze aber schon längst vorbei.

Im Winter ist Jule mit Papa durch den dicken Schnee gestapft, hat Schneeengel hineingemalt, Fußspuren verfolgt und an den tief hängenden Ästen gezupft, damit der Schnee herunterrieselt.

Im Frühling haben die beiden beobachtet, wie langsam die Bäume und Büsche wieder grün wurden, frische neue Pflänzchen aus dem weichen Waldboden hervorgekommen sind und sich die ersten Blütenknospen geöffnet haben.

Und heute sind sie nun mit einem großen Korb unterwegs, um Holunderblüten zu sammeln. Jule weiß schon genau, wie die aussehen: An einem größeren Stängel sind ganz viele kleinere Stängel, und an diesen kleinen Stängeln hängen ganz viele, winzig kleine, weiße Blütensternchen. Wenn man sie ein bisschen schüttelt, fällt feiner gelber Blütenstaub heraus. Und sie duften so herrlich süß! Mama will leckeren Sirup daraus machen und Holunderblütengelee.

Jule und ihr Papa sind noch gar nicht lange im Wald unterwegs, da entdecken sie auch schon den ersten Holunderstrauch. Weil die Blüten ziemlich weit oben hängen, nimmt Papa Jule auf den Arm. Sie darf mit einer Schere die Blütenstängel abschneiden und in den Korb legen. Ganz vorsichtig ist sie dabei, damit nichts verloren geht. Um Jule herum summen ein paar Bienen. Denen scheint der Holunder auch zu schmecken.

Nach einer Weile setzt Papa Jule wieder auf dem Boden ab und sie suchen den nächsten Strauch, um nicht zu viele Blüten von ein und derselben Stelle zu holen. Schließlich soll für die Bienen und Schmetterlinge auch noch etwas übrig bleiben.

Einige Zeit später ist der Korb dann aber trotzdem voll. Das gibt bestimmt jede Menge süßen Sirup! Und weil Jule so fleißig war, hat sie sich jetzt wirklich eine Pause an „ihrem" Bach verdient. Am Bach angekommen, zieht sie ihre Schuhe und Strümpfe aus und hält dann vorsichtig die Zehenspitzen ins Wasser. Etwas kalt ist es schon ... Aber das macht Jule nichts aus. Fröhlich watet sie durch den Bach und spürt, wie das kühle Wasser um ihre Beine herumfließt, wie der weiche Schlamm darunter durch ihre Zehen quillt und wie sich die

Steine am Bachufer unter ihren nackten Füßen glatt und kühl anfühlen.

Schließlich sucht sie mit Papas Hilfe einige größere Steine und Äste zusammen und baut einen kleinen Staudamm mitten im Bach. Nun kann das Wasser nicht mehr richtig weiterfließen, sondern sammelt sich hinter dem Staudamm zu einem kleinen Teich. Nur an einigen wenigen Stellen rieselt ein bisschen davon zwischen den Steinen und Ästen hindurch. Der kleine Teich wird langsam immer größer. Und dann sucht sich das Wasser einfach einen neuen Weg. Es fließt außen um Jules Staudamm herum und dahinter wieder in sein altes Bachbett zurück. Dabei gluckert und plätschert es munter vor sich hin, als fände es den neuen Weg selber ganz interessant. Jule setzt sich auf einen dicken, trockenen Stein am Ufer und beobachtet noch eine Weile, wie ihr Bächlein immer weiter fließt und sich einzelne Sonnenstrahlen glitzernd auf der Wasseroberfläche spiegeln.

„Weißt du noch, welche Geschichte dir Mama gestern Abend vorgelesen hat?", fragt Papa leise, als er sich neben Jule auf den Stein setzt. Ja, das weiß Jule noch. Es war die Geschichte, wie Gott die Erde gemacht hat.

„Gott hat sich ganz schön viel Mühe mit allem gegeben", stellt sie fest. „Den Holunder hat er so gemacht, dass er gut riecht und schmeckt. Und das Wasser so, dass es nass ist und in der Sonne glitzert."

„Ja", sagt Papa. „Und das hat er uns alles geschenkt. Den Waldweg und den Holunder, den Bach und die Steine und den Sonnenschein – alles für uns ..."

Weil alles, was Gott geschaffen hat, gut ist, sollen wir nichts davon ablehnen. Wir dürfen es dankbar annehmen!

1. Timotheus 4,4

3. Es ist Herbst geworden

Es ist Herbst geworden. Langsam färben sich die Blätter an den Bäumen rot, gelb und braun, orange und golden. Wenn die Sonne scheint, dann leuchtet alles in schönen, warmen Farben. Nachts wird es bereits ganz schön kalt. Die meisten Tiere fressen jetzt so viel wie sie können, damit sie für den Winter eine dicke, wärmende Speckschicht bekommen. Manche sammeln auch Vorräte in ihren Verstecken.

In den Büschen gibt es an vielen Stellen kleinere und größere Spinnweben. Morgens früh hängen oft noch Tautropfen darin und glitzern in den ersten Sonnenstrahlen. Manchmal haben sich auch kleinere Blätter und Ästchen in den Spinnwebfäden verfangen.

Susi mag diese Jahreszeit besonders gern. An manchen Tagen ist es noch schön warm, dann zieht sie sich eine leichte Jacke an und streift draußen durch den Garten. Sie bewundert all die schönen Farben. Manchmal setzt sie sich unter den großen Ahorn-Baum und beobachtet, wie die bunten Blätter nach und nach herunterfallen. Erst eins, dann noch eins, dann zwei auf einmal. Langsam und sanft segeln sie zum Boden hinab. Manche bewegen sich im Zickzack – hin und her und hin und her ... Andere drehen sich in einer Spirale oder werden vom Wind ein Stückchen weiter fortgetragen. Wenn ein kräftigerer Windstoß kommt, rieseln ganz viele Blätter auf einmal herab. Susi stellt sich dann darunter, schließt die Augen und versucht zu fühlen, wie die Blätter auf sie herunterfallen. Manche fallen auf ihre Schultern oder ihren Kopf, ganz leicht nur kann man

sie spüren. Andere streifen ihr Gesicht – die Wangen, die Stirn –
wie ein sanftes Streicheln!

Die Blätter im Garten sehen alle ganz unterschiedlich aus.
Die Farben sind nicht einfach nur verschieden, manchmal sind
sie auch wunderschön gemischt. Dann sind die Blätter noch
ein bisschen grün, aber auch schon gelb oder orange, und die
Farben gehen sanft ineinander über. Aber die Blätter sind auch
sonst ganz unterschiedlich. Manche größer, andere kleiner.
Manche haben gezackte Ränder, andere sind fast rund oder haben einen wellenförmigen Rand. Einzelne Blätter sind schon so
trocken, dass sie richtig knistern, wenn man sie in der Hand zu-
sammendrückt. Und wenn Susi durch die großen Laubhaufen
läuft, die überall im Garten liegen, dann raschelt es so herrlich,
dass sie am liebsten gar nicht mehr damit aufhören möchte.

Ja, so ist der Herbst …

Es gibt aber auch die nassen, grauen Regentage, an denen es
draußen immer kälter und ungemütlicher wird. Dann macht
Opa im Kamin das Feuer an, sodass es wenigstens drinnen
warm und gemütlich wird. Während draußen der Regen rauscht
und tropft und an die Fensterscheiben trommelt, knistert drinnen leise das Feuer. Es riecht nach Rauch und Tannennadeln,
nach Holz, Wärme und Zufriedenheit. Eine Weile sitzt Susi am
Fenster und beobachtet den Regen. In langen Bindfäden fällt er
vom Himmel und wäscht die letzten Blätter von den Bäumen.
Regentropfen laufen über die Fensterscheibe und suchen sich
ihren Weg nach unten. Erst ein einzelner kleiner Tropfen. Dann
verbindet er sich mit einem anderen, wird größer und schneller.
Schließlich hat er das Fensterbrett erreicht.

Letztes Jahr hatte Susi noch ein bisschen Angst, als der Herbstregen kam und nacheinander alle Blätter von den Bäumen fielen und im Regen nass und matschig wurden.

„Jetzt kann ich nie mehr unter dem bunten Ahorn-Baum stehen! Und keine schönen Blätter mehr sammeln!", hatte sie zu Opa gesagt. Opa hatte sie mit seinen lieben braunen Augen und den vielen kleinen Lachfältchen angelächelt und sich zu ihr ans Fenster gesetzt.

„Weißt du, Susi, Gott hat uns versprochen, dass alle Jahreszeiten immer wiederkommen. Jetzt fallen die Blätter von den Bäumen, dann kommt der Schnee und danach der Frühling. Dann wachsen neue Blätter an den Bäumen, und im nächsten Herbst werden sie wieder bunt und schön!"

Jetzt hat Susi keine Angst mehr. Wie gut, dass Opa über alles Bescheid weiß. Susi steht auf, holt die bunten Blätter hervor, die sie während der Sonnentage gesammelt und getrocknet hat, und breitet sie alle auf dem Boden aus. Sie weiß ganz genau, von welchen Büschen und Bäumen die einzelnen Blätter stammen. Und wenn sie die Augen schließt, kann sie wieder sehen, wie die Blätter fröhlich um sie herumtanzen und zur Erde segeln. Beinahe kann sie auch noch das sanfte Streicheln spüren, wenn sie dabei ihr Gesicht berühren … Die schönsten Blätter sucht sie sich nun heraus und klebt ein buntes Herbstbild daraus.

Solange die Erde besteht, wird es Saat und Ernte geben, Kälte und Hitze, Sommer und Winter, Tag und Nacht.

1. Mose 8,22

4. Der erste Schnee

Lissy ist heute ein bisschen traurig. Sie hat sich mit ihrer Freundin Lena gestritten und noch haben die beiden es nicht geschafft, sich wieder zu vertragen. Dabei wollten sie doch eigentlich zusammen einen Schneemann bauen, denn in der Nacht hat es geschneit!

Nun steht Lissy ganz allein mitten auf der Wiese vor dem Haus. Alles um sie herum ist weiß vom Schnee, wie mit Puderzucker bestreut. Wenn sie sich umdreht, kann sie ihre eigenen Fußspuren sehen, tief eingegraben im weichen Neuschnee, eine einzelne gerade Schnur in der sonst makellosen weißen Fläche. Nur ein paar kleinere Spuren gibt es noch in der Nähe, längst nicht so tief wie ihre eigenen – da muss ein Vögelchen entlanggehüpft sein. Lissys Spuren sind fast rund, ohne Ecken und Kanten. Überhaupt sieht jetzt alles viel weicher und runder aus. Die Formen von Pflanzen und Bäumen sind kaum klar zu erkennen.

Schneeflocken schweben wie Federn vom Himmel, landen kaum hörbar klimpernd und klirrend als kleine Kristalle auf Lissys Jacke, ihren Händen, ihrem Gesicht. Sie spielen ihre eigene leise, sanfte Musik. Lissy atmet tief die klare Luft ein. Der ganze Garten glitzert, als ob er aus wertvollen Kristallen geformt wäre, die das Licht tausendfach widerspiegeln und sie damit fast blenden, weil es so hell und strahlend ist. Ganz anders, als Lissy sich in ihrem Inneren noch fühlt …

Vorsichtig geht sie weiter. Unter ihren Füßen knirscht leise der Schnee und ihr Atem wird in weißen Wölkchen vom Wind fortgeweht. Sie spürt, wie sie langsam rote Bäckchen bekommt, weil die Luft so klirrend kalt ist. Leise rascheln die Bäume um sie herum, von einigen fällt Schnee. Die Last ist zu schwer für ihre Zweige, die sich schon tief zum Boden neigen.

Es ist wunderschön hier, findet Lissy. So ruhig und still und friedlich wie sonst nur selten. Nur ihre Schritte sind leicht zu hören und das sanfte Knirschen des Schnees. So lässt es sich hier wunderbar träumen. Nichts lenkt ihre Gedanken ab. Und fast hat Lissy das Gefühl, als ob die ganze Wiese und die wunderschöne Schneelandschaft für einen Augenblick nur ihr alleine gehörten. Als ob Gott ihr durch den Schnee sagen wollte, dass es nach allem Streit wieder Frieden geben soll.

Haltet fest zusammen und habt Frieden untereinander. Dann wird der Gott der Liebe und des Friedens mit euch sein.

2. Korinther 13,11

19

5. Verwandlung

Draußen in der kleinen Hecke hängt an einem dünnen Zweig ein kleiner grün-brauner Kokon. Vor ein paar Tagen war er – oder besser: sein Bewohner – noch eine kleine, knubbelige Raupe. Sehr gefräßig ist sie von Blatt zu Blatt geklettert und hat gefressen, so viel sie nur konnte. Dick und rund ist sie davon geworden. Und dann, eines schönen Tages, hat sie angefangen, rund um sich herum einen festen, sicheren Kokon zu spinnen. Also eine Art Hülle, in der sie sich für eine Weile verstecken kann. Was sie wohl da drinnen macht?

Julius hat den Kokon vor ein paar Tagen entdeckt. Seitdem schaut er jeden Tag nach, ob er noch da ist. Irgendwann muss doch die kleine dicke Raupe wieder da rauskommen …

Und tatsächlich – eines Morgens hat die Hülle einen ersten feinen Riss bekommen. Sie wackelt auch ab und zu ein kleines bisschen. So, als ob sich darin etwas vorsichtig bewegt. Viel Platz kann die Raupe da drin allerdings nicht haben. Bestimmt ist es ihr zu eng geworden! Nun vergrößert sich der Riss Stückchen für Stückchen. Julius muss viel Geduld haben, denn es geht alles sehr langsam. Mühsam und vorsichtig schiebt sich der kleine Körper aus der engen Hülle heraus. Zuerst der Kopf und dann der Rest. Noch ein Stück und noch ein Stück, dazwischen immer wieder lange Pausen.

Wie seltsam: Es sieht gar nicht mehr so aus wie die knubbelige Raupe, die es vorher gewesen ist. Etwas ist anders geworden an dem Tierchen. Julius weiß natürlich längst Bescheid. Aus der Raupe ist inzwischen ein Schmetterling geworden. Sie hat sich verwandelt. Und nun fängt für sie – nein, für ihn – ein ganz neues Leben an!

Die Befreiung aus dem Kokon und seiner alten Haut ist für den Schmetterling gar nicht einfach. Als er endlich draußen ist und auf seinem Ästchen sitzt, sind seine Flügel noch ganz zerknittert und verklebt. Erst langsam entfalten sie sich. Immer mal wieder zuckt der Flügel kurz, und anschließend kann man ein bisschen mehr davon sehen. Nach und nach glätten sich die Falten und der Schmetterling breitet seine Flügel aus. Viel Zeit vergeht darüber und Julius ist schon ein bisschen müde geworden. Aber schließlich wird er doch für seine Ausdauer belohnt: Endlich ist der fertige Schmetterling zu sehen. Die letzte Falte ist geglättet und die Flügel bewegen sich nun gleichmäßig auf und ab – bereit für den ersten Flug.

Wunderschön sieht er aus, der neue kleine Schmetterling, mit dem herrlichen Muster auf den Flügeln. So, als hätte Gott selbst mit einem feinen Pinsel und kostbarer Farbe die Muster gerade erst daraufgemalt. Im letzten Sonnenlicht glänzen sie sogar ein wenig. Julius ist sich fast sicher, dass er noch nie einen so schönen Schmetterling gesehen hat wie diesen.

Wenn du deinen Geist schickst, wird neues Leben geboren, und du erneuerst die Erde. Die Herrlichkeit des Herrn bleibe für immer bestehen! Der Herr hat Freude an dem, was er geschaffen hat!

Psalm 104,30-31

6. Frühlingseier

David hat in den letzten Tagen ganz schön viele Hühnereier kunterbunt bemalt. Manche mit dem Pinsel, andere mit Filzstiften und wieder andere, indem er sie in ein Glas mit bunter Flüssigkeit getaucht hat. Mindestens vier Kartons voller Eier waren es, vielleicht sogar mehr. Aber heute gibt es etwas anderes zu tun. Heute werden kleine Moosnester im Garten versteckt, damit morgen die ganze Familie bunte Ostereier darin finden kann – beziehungsweise „Frühlingseier", wie Oma immer sagt.

Heute Morgen ist Oma mit David in den Wald gegangen, um Moos und Äste zu suchen. Über eine Stunde lang sind die beiden durch den Wald gestreift und haben sich die schönsten, weichsten und trockensten Stücke Moos gesucht, die sie finden konnten. Es ist schon erstaunlich, findet David, wie viel verschiedenes Moos es gibt. Manches ist ganz kurz und dunkelgrün. Anderes ein bisschen länger und heller. Einige Moossorten haben viele kleine braune Stängelchen, die aus dem eigentlichen Moos herauswachsen. Ob das wohl so was wie Blüten sind? Sie wackeln ganz lustig, wenn man sie mit dem Finger anstupst. Immer mal wieder streicht David sanft mit der Hand über ein Fleckchen Moos, das er gerade gefunden hat. Es fühlt sich so schön weich an! Man muss aber ganz vorsichtig sein, wenn man es vom Boden abnimmt und in den großen Korb legt, den Oma dafür mitgebracht hat. Oma hat David gezeigt, wie man es am besten macht: Ganz langsam und so, dass man die Hand unter das Moos schiebt, damit das Stück nicht auseinanderreißt.

Auch einige biegsame Ästchen und Stöckchen haben David und seine Oma gesammelt. Als sie schließlich wieder zu Hause ankommen, ist David richtig stolz darauf, so viel brauchbares Material gefunden zu haben. Und nun geht es erst richtig los: Oma und David bauen im Garten viele kleine hübsche Nester. Natürlich muss man dafür erst einmal die richtigen Stellen finden. Zum Beispiel unter der Gartenhecke. Oder in der alten knorrigen Wurzel, die Mama so schön findet. Vielleicht auch im Vogelhäuschen? Oder auf der Gartenlaterne? Manche Nester setzt David auch einfach mitten auf die Wiese, wo man sie gut sehen kann und nicht lange danach suchen muss. Vorsichtig breitet er ein oder zwei Moosstücke aus – so, dass das Nest am Rand ein bisschen höher und in der Mitte etwas tiefer ist – dann können die Eier nicht so leicht herauskullern. Einige Nester bekommen auch ein richtiges Dach. Dazu braucht David die kleinen Stöckchen und ein bisschen Hilfe von Oma. Sie hat das schließlich schon öfter gemacht. Sehr geschickt steckt sie die Stöckchen in die Erde, und David kann anschließend das Moosdach darüberlegen.

Während sie so gemeinsam an den Moosnestern arbeiten, grübelt David ein bisschen darüber nach, warum sie das eigentlich tun.

„Du, Oma …", fragt er schließlich, „was haben eigentlich die Eier und die Nester mit Jesus und Ostern zu tun?"

Da lächelt Oma. Vorsichtig steckt sie das letzte Stöckchen ein bisschen fester in die Erde und rückt das Moos noch einmal zurecht. Dann dreht sie sich zu David um und schaut ihm in die Augen.

„Nichts!", sagt sie. Und lächelt immer noch. „Eigentlich könnten wir die Eier auch einfach eine Woche früher verstecken. Oder eine Woche später. Oder überhaupt nicht. – Naja, sie überhaupt nicht zu verstecken, das wäre natürlich ein bisschen schade. Ich glaube, wir verstecken sie nur deshalb am Osterwochenende, weil wir dann so viel Zeit dafür haben. Eigentlich sind es nämlich nur Frühlingseier. Lustig-fröhlich-bunte Frühlingseier, die morgen früh hier draußen in ihren Nestchen fast genauso schön leuchten werden wie die Blumen, und die uns daran erinnern, dass der Winter endlich vorbei ist!"

„So ist das also ...", denkt David. Deshalb sagt Oma auch immer „Frühlingseier" statt „Ostereier" ... Und irgendwie findet David diesen Namen auf einmal sehr schön. Wie gut, dass er seine Eier so bunt angemalt hat, denn die vielen Farben passen richtig gut zum Frühling.

Abends vor dem Zubettgehen spaziert David noch einmal langsam durch den ganzen Garten. Sehr gründlich überprüft er noch einmal, ob auch alle Nester gut und ordentlich gebaut sind und ob die Dächer noch alle stehen. Und mindestens genauso gründlich merkt er sich, wo sie alle versteckt sind – damit er morgen früh auch ganz sicher keins vergisst.

Herr, ich will dir von ganzem Herzen danken und von deinen Wundern erzählen.

Ich will mich über dich freuen und deinen Namen loben, du Höchster.

Psalm 9,2-3

Entdeckungen in Wald und Garten

7. Die Hütte im Garten

Susi und Olaf bauen im Garten eine kleine Hütte. Zwischen einigen Bäumen, die fast in einem Kreis stehen, wird erst einmal das Material gesammelt: alte Bretter, Äste und Zweige – einige sogar noch mit Blättern dran. Und eine kleine Rolle mit Kordel. Dann geht es los. Nach Olafs Anweisungen müssen erst die Bretter und die größeren Äste zwischen jeweils zwei Bäumen übereinandergelegt und gut festgebunden werden. Immer von einem Baum zum nächsten und zum Schluss wieder zum ersten, sodass der Kreis sich schließt. Ganz schön anstrengend, findet Susi. Aber Olaf gönnt ihr keine Pause. Jetzt müssen nämlich die kleineren Äste zwischen die größeren eingeflochten werden, um die Hüttenwände abzudichten. Bald kann man schon fast gar nicht mehr hindurchschauen. Nur an einer Stelle lassen die beiden eine kleine Lücke zwischen den Wänden. Als Eingang. Schließlich müssen sie ja auch irgendwie in die Hütte hinein- und wieder herauskommen.

Nach ein paar Stunden fleißiger Arbeit ist es endlich geschafft: Die Wände sind nun so hoch, dass Susi nicht mehr drüberschauen kann, und so dicht, dass sie kaum noch ein Loch findet, um hindurchzublinzeln. Olaf würde am liebsten noch eine große Menge Schlamm machen und alles damit zukleistern.

„So haben die Leute das früher eben gemacht!", behauptet er. Aber Mama hat es verboten.

„In meinem Garten werden keine Schlammlöcher gegraben!", hat sie gesagt.

Susi findet das auch gar nicht schlimm. Mit den vielen grünen und braunen Blättern dazwischen sehen die Wände doch sowieso viel schöner aus. Ob man in der Hütte auch schlafen kann? Sie hat gar kein richtiges Dach ... Olaf sagt, dafür bräuchte man ganz, ganz lange Äste und solche gibt es im Garten leider nicht. Stattdessen sind über der Hütte nur die Zweige der Bäume, unter denen sie steht, und der weite blaue Himmel zu sehen.

„Du, Olaf, ...", sagt Susi, „Können wir nicht heute Nacht in unserer Hütte schlafen? Es ist doch ganz warm. Und es regnet auch nicht!"

„Hmm ...", macht Olaf. „Komm, wir fragen einfach mal!"

Und tatsächlich – sie dürfen draußen schlafen. Papa findet die Idee sogar richtig gut und will gleich mitmachen. Außerdem bleibt die Terrassentür ein Stückchen offen, damit sie nachts jederzeit wieder ins Haus kommen können.

Nach dem Abendessen packen alle drei ihre Sachen zusammen und ziehen mit Schlafsack und Isomatte in ihre Hütte. Auch ein paar alte Decken hat Papa im Keller gefunden – falls es irgendwann doch ein bisschen kalt wird. Am Nachmittag haben die Geschwister schon alle Steine vom Boden der Hütte weggeräumt. Jetzt breiten sie ihre Matten und Decken aus und machen es sich gemütlich. Eine Taschenlampe kommt zwischen die Kopfkissen. Susi kuschelt sich schon mal ganz tief in ihren Schlafsack hinein. Eigentlich gehört er Mama und Susi findet, er riecht auch noch so gut nach ihr.

Dann holt Papa ein Buch heraus, um eine Geschichte vorzulesen. Zwischen den Ästen der Bäume blitzen schon die ersten

Sterne auf. Susi lauscht auf Papas leise Stimme, auf das noch leisere Rauschen des Windes und das Zirpen der Grillen auf der Wiese. Ab und zu raschelt es irgendwo im Gebüsch oder ein Vögelchen zwitschert und flattert davon. Fast direkt über ihr steht der Mond am Himmel und taucht alles in sein sanftes Licht. Susi fühlt sich wohl hier draußen – Papa und Olaf sind da und passen auf sie auf, alles ist friedlich und ruhig, es duftet nach Erde, Pflanzen und Mamas Schlafsack.

Als Papa mit der Geschichte fertig ist, schließt er das Buch und legt es beiseite. „Gute Nacht, Olaf! Gute Nacht, Susi!", flüstert er. Aber Susi antwortet nicht mehr. Ihre Augen sind schon fest geschlossen und sie träumt von Bäumen, Büschen und leuchtenden Sternen.

Er schenkt ein Dach über allem, was herrlich ist, und stellt eine Hütte als Schattenspender in der Hitze des Tages und als Zuflucht vor Unwetter und Regen bereit.

Jesaja 4,5-6

8. Zwischen Omas Blumenbeeten

Endlich wird es wieder Frühling! Die Sonne strahlt schon den ganzen Tag vom Himmel, die Vögel zwitschern in den Bäumen und Büschen und es ist schon richtig warm geworden. Irgendwie riecht es auch ganz anders, findet Philipp. Viel frischer und lebendiger, und irgendwie fühlt sich die Luft beim Atmen viel weicher an.

Auf der Wiese im Garten tauchen die ersten frischen Grashalme auf. Kleine Krokusse leuchten lila und gelb dazwischen hervor – überall im Garten und auf der Wiese sind sie verstreut, genauso wie die kleinen weißen Schneeglöckchen. Auch an den Büschen und Bäumen gibt es die ersten Knospen und winzige neue Blättchen. Sie leuchten in einem frischen, zarten Hellgrün.

„Dieses wunderschöne Wetter muss man nutzen!", hat Oma gesagt. Und so hat sie ihre alten Arbeitshosen angezogen und dazu bequeme alte Schuhe. Nun hockt sie mitten im Blumenbeet, gräbt die Erde um, pflanzt Blumenzwiebeln hinein und rupft Unkraut heraus. Philipp darf ihr dabei helfen. Er ist sehr stolz darauf, dass er schon fast immer richtig zwischen Unkraut und Blumen unterscheiden kann!

Auch Timmy hilft mit: Mit seiner kleinen Schubkarre fährt er immer zwischen Oma und Komposthaufen hin und her, um den „Müll" abzuholen und am Komposthaufen wieder abzuladen. „Achtung, Müllabfuhr!", ruft er dabei immer wieder. Bei der schweren Arbeit darf er sogar endlich, zum ersten Mal in diesem Jahr, die lästige warme Winterjacke ausziehen und über einen Gartenstuhl hängen. Die braucht man bei der Gartenarbeit ja nun wirklich nicht!

Philipp darf von den ersten kleinen Blümchen ein paar mit der Gartenschere abschneiden und in eine zierliche Vase stellen. „Damit holen wir uns auch ein kleines bisschen Frühling ins Haus", meint Oma.

Krokusse und Schneeglöckchen pflückt Philipp, kleine gelbe Osterglocken und auch ein paar von Omas Mini-Tulpen. Die normalen Tulpen sind zu groß, die passen nicht zu den anderen Blümchen in die kleine Vase. Zwischendurch bleibt er an der Zwergweide stehen und bewundert die kleinen „Kätzchen" daran. So nennt Oma die kleinen Blüten-Knospen an den dünnen Ästen. Ob die wohl wirklich so heißen? Oder sagt Oma das nur so, weil sie sich so herrlich weich anfühlen, wenn man darüberstreichelt? Irgendwie sehen sie ja tatsächlich auch ein bisschen wie grau gesprenkeltes Katzenbabyfell aus …

Einige Zeit später verschwindet Oma im Haus und kommt kurz danach mit einer alten Decke und einem Picknick-Korb wieder heraus. Nun haben sich ihre fleißigen Helfer eine Arbeitspause auch wirklich verdient! Mit der Decke machen sie es sich auf der Wiese zwischen Krokussen und Schneeglöckchen bequem. Aus den Tiefen des großen Picknick-Korbes zaubert Oma Kekse und Kakao hervor. Timmy fängt sofort an zu naschen, Philipp lässt sich mit einem wohligen Seufzen auf die Decke fallen, und Oma lächelt zufrieden in sich hinein. In ihrem schönen, gepflegten Garten kann man sich schon sehr wohlfühlen. Philipp hat längst die Augen geschlossen, so müde ist er von der anstrengenden Gartenarbeit. Mit einer Hand streichelt

Oma liebevoll über seine blonden Haare. Und als Timmy seinen Becher Kakao leer getrunken hat, klettert auch er auf Omas Schoß, um ein bisschen gemütlich mit ihr zu kuscheln und auszuruhen.

Schmecke und sieh, dass der Herr gut ist.
Freuen darf sich, wer auf ihn vertraut!

Psalm 34,9

9. Besuch im Baumhaus

Evi sitzt in ihrem Baumhaus. Opa hat es vor ein paar Tagen für sie im Garten gebaut. Er wohnt direkt neben einem wunderschönen Wald.

Das Baumhaus besteht aus einigen Brettern, die zwischen den Ästen des Baumes festgenagelt sind, und einer schmalen Leiter zum Hinaufklettern. Von hier oben kann Evi auf der einen Seite über eine große Wiese schauen und auf der anderen Seite in den Wald hinein. Viele andere Bäume stehen da – manche größer als ihrer, andere kleiner. Auch viele Büsche gibt es und am Waldrand entlang einige Hecken. Auf der Wiese kann man manchmal Rehe beobachten, hat Opa erzählt. Aber Evi hat bisher noch keine gesehen. Nur ein kleines rotbraunes Eichhörnchen hat sie vorhin entdeckt, als es gerade den Nachbarbaum hinaufgeklettert ist. Immer rund um den Stamm herum ist es gehuscht, und dann mit großen Sprüngen von einem Ast aus zum nächsten Baum gehüpft und zum nächsten und übernächsten. Dann war es zwischen all den grünen Blättern nicht mehr zu erkennen.

Auf einmal raschelt es in Evis Nähe, auf ihrem eigenen Baum. Ein Vögelchen vielleicht? Oder ob etwa das Eichhörnchen zurückgekommen ist? Ganz vorsichtig dreht Evi den Kopf in die Richtung des Geräuschs – schön leise, um das Tierchen nicht zu erschrecken.

Da streckt es auch schon sein Köpfchen unter einem Blatt hervor. Evi bekommt Besuch von einer kleinen Haselmaus! Die wohnt wohl auch hier oben im Baum und wundert sich über die neue „Mitbewohnerin". Die Maus weiß ja nicht, dass Evi gar nicht hier wohnt (im Baumhaus kann man bestimmt nicht so gut schlafen).

Die beiden betrachten einander eine Weile. Winzig klein ist das Mäuschen und seine Barthaare zucken, während es schnuppert. Die schwarzen Äuglein blicken Evi aufmerksam entgegen, die kleinen runden Ohren hat das Mäuschen aufgerichtet. Es hat ein hellbraunes Fell, das am Bauch noch ein bisschen heller wird, und einen langen, etwas buschigen Schwanz. Schließlich wagt es sich ein kleines Stückchen weiter heraus und in Evis Nähe. Mit seinen kleinen Pfoten hält es sich geschickt an dem dünnen Ast fest, auf dem es gerade sitzt. Als es das Köpfchen ein bisschen schräg legt, sieht es fast so aus, als ob es fragen wollte: „Wer bist du denn?"

„Hallo", flüstert Evi da ganz leise, ohne sich zu bewegen. „Ich bin Evi."

Das Mäuschen zwinkert noch einmal mit den Augen – dann dreht es sich um und huscht einen anderen Ast entlang. Vielleicht sucht es sich jetzt etwas zu fressen. Evi freut sich sehr über diese kurze Begegnung. So hübsch hat Gott dieses winzig kleine Tierchen gemacht!

Ein paar Äste über ihr, in sicherer Entfernung, sitzt schon eine ganze Weile ein Vogel. Evi weiß nicht, was es für einer ist, aber ab und zu zwitschert er klar und fröhlich vor sich hin. Irgendwo in der Ferne antwortet ein anderer Vogel, wiederholt den Ruf seines Artgenossen oder ändert ihn ein wenig ab. Immer hin und her geht es so. Worüber sich die beiden wohl unterhalten? Oder singen sie vor lauter Lebensfreude ein gemeinsames Lied?

Vielleicht ist es ein Dankeschön an Gott, weil er diesen Wald so schön gemacht hat und weil die Tiere hier gut leben können ... Evi schließt die Augen, lauscht noch eine Weile dem Singen der beiden Vögel, und dann flüstert sie leise ein eigenes Dankgebet: Dafür, dass sie in diesem Wald so viele schöne Dinge entdecken darf. Und dafür, dass sie so einen lieben Opa hat, der Baumhäuser für sie baut und ihr viele schöne Dinge zeigt.

Gott, mein Herz vertraut auf dich, deshalb will ich dir singen und dir danken!

Psalm 108,2

10. Glühwürmchen

Draußen im Garten wird es langsam dunkler. Endlich! Schließlich wartet Lissy schon ziemlich lange darauf. Aber ein kleines bisschen muss sie sich noch gedulden. Mama legt das Buch beiseite, in dem sie gerade noch gelesen hat und zieht ihre Tochter zu sich auf den Gartenstuhl. Gemeinsam beobachten sie, wie die Sonne hinter dem Wald verschwindet und die Schatten der Bäume immer länger werden. Die Spatzen zwitschern laut, während sie sich im Efeu am Haus um die besten Schlafplätze streiten.

Dann wird es ruhiger. Drüben bei den Nachbarn sind schon längst die Lichter im Wohnzimmer und die kleinen Laternen auf der Terrasse eingeschaltet.

„Ich glaube, jetzt können wir uns langsam auf den Weg machen", sagt Mama.

Lissy klettert rasch von ihrem Schoß herunter. Hand in Hand schlendern sie durch den Garten und beobachten aufmerksam jedes Gebüsch. Ab und zu raschelt es irgendwo leise.

„Siehst du schon eins?", fragt Lissy. Aber Mama schüttelt nur den Kopf. Bald haben die beiden das kleine Törchen erreicht, das vom Garten aus in den Wald führt. Lissy drückt vorsichtig die Klinke herunter, und es öffnet sich mit einem leisen Quietschen. Mama muss ein bisschen lachen, als Lissy zusammenzuckt:

„So leise müssen wir nun auch wieder nicht sein! Die Glühwürmchen haben keine Angst vor Geräuschen. Sie verschwinden nur, wenn du ihnen zu nahe kommst! Oder besser: Dann hören sie auf zu leuchten, und du kannst sie nicht mehr sehen."

Deshalb sind die beiden nämlich so spät abends noch unterwegs – Lissy will unbedingt auch mal ein Glühwürmchen sehen. Und nachdem Papa gestern bei seinem abendlichen Spaziergang welche entdeckt hat, ist es nun hoffentlich endlich so weit. Ein ganzes Stück müssen Mama und Lissy in den Wald hineingehen. Aufmerksam betrachten sie ihre Umgebung. Ein Mäuschen huscht vor ihnen über den Waldweg und verschwindet schnell wieder zwischen ein paar Wurzeln. Dann sieht Lissy aus dem Augenwinkel den ersten kleinen Lichtschimmer zwischen einigen Blättern. Aber als sie näher herangeht, um es genauer ansehen zu können, da verschwindet es genauso plötzlich, wie es aufgetaucht ist.

„Oh …", seufzt Lissy. „Jetzt hat es sich ausgeschaltet …"

Ein paar Schritte weiter taucht aber schon das nächste Glühwürmchen auf – und dann gleich noch eins und noch eins! Kleine grüne Lichtchen schweben über dem Boden und zwischen den Blättern und Zweigen.

Je weiter Lissy und Mama den schmalen Waldweg entlanggehen, umso mehr werden es. Mal leuchtet hier ein Lichtpunkt auf, mal dort, manchmal verschwinden sie auch wieder. Lissy schaut und staunt. Der ganze Wald wirkt auf einmal wie in einem Traum! Tausend helle grüne Pünktchen schweben und schimmern zwischen den Bäumen, als würden sie ein Fest feiern wollen.

„So etwas Schönes habe ich noch nie gesehen!", flüstert auch Mama. „Dass es so viele auf einmal sein können …!"

Egal, in welche Richtung die beiden schauen, überall sind Glühwürmchen. Erst nach einer ganzen Weile, mehrere Wegbiegungen weiter, werden es weniger.

„Wir haben wohl gerade ihre Lieblingsstelle entdeckt", meint Mama mit einem Lächeln. „Wollen wir den gleichen Weg wieder zurückgehen?"

Natürlich will Lissy das! Noch einmal durch diese Wolke aus schwebenden grünen Lichtchen hindurch, die sich hier im stillen Wald anscheinend so wohlfühlen. Auch im eigenen Garten entdeckt sie nun ein paar vereinzelte Lichtpunkte. Ob die sich wohl verirrt haben? Aber vielleicht sind sie auch einfach nur etwas neugieriger als ihre Geschwister draußen im Wald.

Als Lissy schließlich in ihrem Bett liegt und die Augen schließt, kann sie die Glühwürmchen immer noch vor sich sehen. So, als ob sie auch hier drinnen um ihr Bettchen herumschweben würden.

Jesus sagt: „Ich bin als Licht gekommen, um in dieser dunklen Welt zu leuchten, damit alle, die an mich glauben, nicht im Dunkel bleiben."

Johannes 12,46

11. Große Kraft in kleinen Körnern

Tommy und Anna haben seit einiger Zeit auf der Fensterbank ihres Kinderzimmers einen kleinen Garten. Mama hat mit den beiden zusammen einen hübschen Blumenkasten gekauft. Dafür sind sie extra gemeinsam in den Baumarkt gefahren! Papa hat ihn auf der Fensterbank so befestigt, dass er nicht herunterfallen kann. Fast ein ganzes Paket Blumenerde haben Tommy und Anna gebraucht, um den Kasten zu füllen. Dann wurden die ersten Blumen eingepflanzt und ausgesät. Jeder durfte sich zwei verschiedene Arten von Blumen aussuchen, eine zum Pflanzen und eine zum Säen. Regelmäßig müssen sie nun gegossen werden, damit sie nicht vertrocknen und kaputtgehen. Aber Tommy und Anna passen wirklich gut auf ihre Pflänzchen auf. Jeden Morgen und jeden Abend wird nachgeschaut, ob es ihnen gut geht. Und ob sich schon etwas verändert hat! Von den ausgesäten Blumen kann man bisher nämlich noch nichts sehen. Die Samen sind unter der weichen, feuchten Erde gut versteckt.

Anna war anfangs etwas skeptisch: „Nicht zu tief einbuddeln, Mama! Die Blümchen kommen doch sonst nie wieder da raus!" Sie erinnert sich noch gut daran, wie Tommy und Papa sie im Sommer am Meer im Sand eingebuddelt haben. Das war lustig – aber auch gar nicht so einfach, sich später alleine wieder aus dem Sandloch zu befreien. Und Anna ist schließlich viel größer als die Pflänzchen im Blumenkasten. Aber Mama hat da schon so ihre Erfahrungen:

„Keine Sorge, mein Schatz – die schaffen das schon! Das hab ich schon öfter beobachtet. In diese kleinen Samenkörner hat Gott viel mehr Kraft hineingesteckt, als man denkt!"

Irgendwann werden aus den winzigen Samenkörnern kleine Pflänzchen die Köpfe herausstrecken, erklärt Mama. Sie werden Stückchen für Stückchen größer werden, sich durch die Erde nach oben winden und schließlich aus der Erde hervorkommen. Dann können sie endlich das Licht der Sonne erblicken, die durch das Fenster hereinscheint.

Mit den fertig eingepflanzten Blumen ist es ein bisschen anders. Die sind sozusagen schon älter. Sie haben schon richtige Wurzeln, einen Stiel und Blätter. Aber man kann ihnen trotzdem beim Wachsen zuschauen. Und irgendwann bekommen sie hoffentlich viele, viele wunderschöne bunte Blüten.

Heute Morgen ist Anna mit dem Gießen dran. Vorsichtig hebt sie die kleine blaue Gießkanne und verteilt das Wasser gleichmäßig über den ganzen Blumenkasten. Aber nanu? Schaut da nicht ein kleines grünes Etwas aus der dunkelbraunen Erde hervor? Anna schaut genauer hin: Ja, das scheint tatsächlich das erste Blättchen zu sein. Ein paar Klümpchen Erde hat es mühsam zur Seite geschoben und lugt nun vorwitzig dazwischen hervor.

„Hallo, starkes, kleines Blümchen!", flüstert Anna. Mama hatte also recht. Obwohl das Samenkörnchen so winzig klein war, hat es jede Menge Kraft. Unsichtbare Kraft, sozusagen. Bestimmt genießt das Pflänzchen jetzt die hellen Sonnenstrahlen, nachdem es so lange in der dunklen Erde versteckt war.

Meine Gnade ist alles, was du brauchst. Meine Kraft zeigt sich in deiner Schwäche.

2. Korinther 12,9

12. Lenas geheimer Ort

Kennst du diese ganz geheimen Orte? Die, die außer dir niemand kennt? Es gibt sie überall. Manchmal draußen, manchmal drinnen. Eine bestimmte Stelle oder eine Ecke im Raum. Hinter dem Schreibtisch oder im Kleiderschrank. Unter dem Bett. Im Wald, hinter der großen, alten Eiche. Oder vielleicht auch nur, ganz für dich allein, in deinem Kopf. Keiner sieht diesen Ort genauso wie du. Niemand kann sich dort ganz genauso fühlen wie du.

Manchmal braucht auch Lena so einen Ort. Unheimlich dringend sogar! Wenn ihr Kopf so voller ganz geheimer Dinge ist und sie nicht weiß, wohin damit, dann braucht sie so einen Ort. Und ihr geheimer Ort, der ist natürlich was ganz Besonderes. Für Lena jedenfalls.

Inzwischen kann sie sich schon gar nicht mehr so genau erinnern, wie sie das erste Mal dort hingekommen ist ...

Es war wohl einer von diesen wunderschönen Sommertagen. Lenas Schwestern hatten Ferien, und sie waren allesamt mal wieder draußen im Wald unterwegs. Was für ein herrliches Wetter ... die Sonne schien so schön auf die Mädchen herab, dass es sich angenehm und warm anfühlte auf der Haut. Der Wald sah im Sonnenschein sooo schön aus – alles leuchtete im schönsten Grün – Hellgrün, Mittelgrün, ein bisschen Dunkelgrün, samtiges Grün.

Beim Laufen zupften sie manchmal Blätter von den Büschen und Bäumen. Manche fühlten sich ganz weich und samtig an, andere glatt und fest, einige auch ein bisschen rau.

An diesem Tag raschelte es auf einmal ganz leise im Gebüsch neben Lena. Ob das eine Maus war? Oder ein kleiner Vogel?

Oder vielleicht sogar der Igel, den sie vor ein paar Tagen im Garten entdeckt hatten?

Ganz vorsichtig ging sie auf das Geräusch zu. Schön leise, damit sich das Tierchen nicht erschreckt! Nicht auf die Äste am Boden treten, sonst knackt es!

Als Lena beim Gebüsch ankam, raschelte es noch einmal. So vorsichtig, wie es ging, schob sie die Blätter auseinander, um hindurchsehen zu können.

Gerade eben sah sie noch etwas Kleines, Braunes den nächsten Baum hinaufhuschen. Ein Eichhörnchen! Anscheinend hatte es sie doch bemerkt. Mit ein paar großen Sprüngen verschwand es im dichten Blätterwerk der Bäume.

Als sie das Eichhörnchen nicht mehr erkennen konnte, schaute sich Lena neugierig um. Das war ja eine richtige kleine Lichtung im Wald! Ganz versteckt hinter dem vielen Gebüsch gab es einen kleinen, fast runden Platz ganz ohne Büsche und Bäume. Der Boden war bedeckt von frischem, weichem Waldgras. Und dazwischen wuchsen lauter gelbe und weiße Blümchen. Über sich konnte sie durch das grüne Dach des Waldes den strahlend blauen Himmel und ein paar weiße Wattewölkchen sehen.

Wie friedlich es auf dieser Lichtung war ... Lena hatte das Gefühl, dass ihr an diesem Ort nie etwas Schlimmes passieren könnte. Sie hatte sogar das Gefühl, ganz sicher und geborgen zu sein und von niemandem entdeckt werden zu können. Die Ruhe und die Friedlichkeit des Ortes taten ihr gut.

Langsam schlenderte sie zu einem der großen Bäume am Rand der Lichtung. Dieser hier hatte einen ganz besonders dicken, leicht gedrehten Stamm. Die Rinde fühlte sich fest und ein wenig rau an. Ein Stückchen weiter oben gab es ein kleines Loch – ob da wohl ein Vogel sein Nest drin hatte? Und darüber spannten sich kräftige, weit verzweigte Äste aus. Lena machte es sich zwischen den Wurzeln bequem.

Während sie langsam die Augen schloss und tief den warmen Geruch nach Wald und Erde einatmete, musste sie an ein Bild aus ihrer Kinderbibel denken. Auf diesem Bild saß auch ein Mann unter einem Baum. Und Jesus sagte ihm später, dass er ihn dort gesehen hatte. Ob Jesus wohl auch sehen konnte, wie Lena unter dem alten Baum auf ihrer geheimen Lichtung saß? Bestimmt konnte er das!

Leise fing sie an, Jesus zu erzählen, was ihr gerade durch den Kopf ging: Wie schön diese Lichtung im Wald war. Wie gern sie das Eichhörnchen noch mal sehen würde. Dass sie sich ein wenig über ihre Schwestern geärgert hatte, weil die ihre „kleine" Schwester eigentlich gar nicht mitnehmen wollten in den Wald.

Lena war sich ganz, ganz sicher, dass Jesus jedes einzelne ihrer Worte hörte!

In diesem Moment beschloss sie, dass sie noch oft an diesen wunderbaren Ort kommen wollte. Und dass es wirklich gut tat, mit Jesus über alle möglichen Dinge zu reden.

„Woher kennst du mich?", fragte
Nathanael. Jesus antwortete:
„Ich sah dich unter dem Feigenbaum,
noch bevor Philippus dich rief."

Johannes 1,48

Allerlei Tiere

13. So ein schönes Katzenleben!

Na ja – Katerleben trifft es wohl eher. Carlo ist nämlich kein Mädchen! Carlo ist ein richtiger, sehr männlicher, schwarzweiß gefleckter Bauernhof-Kater!

Noch ist es ganz früh am Morgen und Carlo wacht gerade eben aus den schönsten Katzenträumen auf. Vorsichtig öffnet er die Augen, zuckt mit den kleinen Ohren und hebt seinen hübschen Kopf. Ausgiebiges Gähnen und Strecken – alle vier Beine und bis in die Schwanzspitze! Dann wird erst einmal das Fell geputzt und gebürstet. Wie alle Katzen (und Kater) macht Carlo das selbst, mit seiner rauen Katzenzunge. Die ist gut dafür geeignet!

Schließlich hüpft Kater Carlo vom Heuboden herunter und geht auf Futtersuche – hinter der Küchentür hat die Bäuerin schon etwas für ihn bereitgestellt.

Was nun? Mäuse fangen? – Später. Carlo schaut erst einmal auf dem ganzen Bauernhof nach dem Rechten. Ins Wohnhaus darf er leider nicht hinein, aber überall sonst. Im Kuhstall scheint alles in Ordnung zu sein, die Rindviecher mampfen schon eifrig vor sich hin, während der Bauer mit der großen Heugabel die Heuraufen nachfüllt. Auch bei den Schweinen ist alles wie sonst. Die Hühner gackern ziemlich laut und unruhig – bestimmt gibt es da wieder mal Streit. Aber da mischt sich Carlo lieber nicht ein. Überhaupt macht er um den Hühnerstall einen großen Bogen – mit den spitzen Schnäbeln der frechen Hennen will er lieber nicht in Berührung kommen!

Da fährt gerade ein großes blaues Auto auf den Hof. Es gibt Besuch! Carlo ist natürlich der Erste, der die Neuankömmlinge begrüßt. Mit lautem Schnurren streift er den Gästen um die Beine und verlangt Aufmerksamkeit. Er reibt das Köpfchen an den Hosen und an den kleinen Händen, die sich ihm entgegenstrecken. Denn die Kinder wollen natürlich gerne das weiche Katzenfell streicheln. Wie schön! Hinter den Ohren gekrault zu werden mag Carlo besonders gern. Das genießt er. Er schließt dabei die Augen und schnurrt noch ein bisschen mehr. Die Kinder finden das süß – dieses brummelnde Geräusch, das tief aus Carlos Körper zu kommen scheint.

Später klettert er auf seinen Lieblingsbaum und lässt sich den Wind um die Ohren streichen. Carlo hat keine Angst, dass er herunterfallen könnte – er hat ja seine Krallen, mit denen er sich gut und sicher an der Baumrinde festhalten kann. Von hier oben hat er einen wunderbaren Blick über sein ganzes Reich: den Bauernhof, die Felder darum herum und das kleine angrenzende Wäldchen.

Nach einer Runde Mäusejagen (das ist schließlich seine Aufgabe hier) darf er sich wieder ausruhen. Oder Schmetterlinge verfolgen, das macht Spaß. Fressen kann man die zwar auch, aber das lohnt sich nicht – an denen ist viel zu wenig dran. Dafür ist es jedoch lustig zu beobachten, wie sie hin und her flattern – können die denn nicht geradeaus fliegen? Anscheinend nicht.

Auf einer Bank in der Sonne vor dem Haus macht Carlo ein Mittagsschläfchen – wie gemütlich es da ist! So warm …

Ach, so ein faules Katerleben, das hat schon was.

Abends dann klettert Carlo seinen gewohnten Weg hinauf zum Heuboden. Vom Hof aus auf die grüne Wassertonne, dann zum ersten Fensterbrett und noch ein Stück höher hinauf. Dort oben ist sozusagen sein Schlafzimmer. Niemand sonst auf dem Bauernhof thront des Nachts so hoch oben über allen anderen. Hier ist es ruhig und warm, hier liegt eine alte Decke herum und viel trockenes, warmes, duftendes Heu und Stroh. Da kann man sich so richtig schön hineinkuscheln, sich zusammenrollen, die Nase unter dem buschigen Schwanz verstecken und ... einschlafen ... träumen ... sich ausruhen.

Dann sagte Jesus: „Kommt alle her zu mir, die ihr müde seid und schwere Lasten trägt, ich will euch Ruhe schenken."

Matthäus 11,28

14. Auch Mäuse müssen schlafen

Vor vielen, vielen Jahren lebte in einem großen Wald eine kleine Maus. Die hatte den Namen Pippa. Sie war noch ganz klein – viel kleiner als ihre Geschwister! So klein war sie, dass eines Abends die Mäusemutter ganz übersah, dass sie ihre Pippa noch gar nicht ins Bett gebracht hatte!

Pippa saß in einer Ecke ihrer kleinen Höhle und spielte. Mit ihren kleinen Spielfiguren aus kurzen Ästen und winzigen Steinchen spielte sie Vater-Mutter-Kind. Sie spielte und spielte so vor sich hin – und während sie das tat, merkte sie gar nicht, wie schnell die Zeit doch verging.

Inzwischen war es in der Höhle der Mäusefamilie sehr ruhig geworden. Die größeren Geschwister schliefen schon längst. Auch Papa und Mama Maus waren schon in ihre weichen Moosbetten geschlüpft. Still war es und friedlich. Aus der Schlafhöhle der Eltern drang ein leises Schnarchen und ab und zu hörte Pippa, wie sich Vater oder Mutter im Bett herumdrehten.

Seltsam! So spät abends war sie noch nie wach gewesen. Wenn sie ihre kleinen runden Ohren ein wenig spitzte und sich ein bisschen anstrengte, dann konnte sie aus der Mäuseküche ein leises Ticken hören: tick – tack – tick – tack – tick. Das musste wohl die alte Küchenuhr sein.

Leise huschte Pippa in die Küche. Oben auf dem Küchenschrank bewahrte Mama Maus die Dose mit den Haselnüssen auf. Wenn Pippa sich nun auf die Zehenspitzen stellte und sich ganz weit hinaufstreckte – vielleicht konnte sie dann heimlich ein paar von den leckeren Nüssen stibitzen? Aber so sehr sich

Pippa auch reckte und streckte: Sie kam einfach nicht dran. Wie schade!

Als sie sich nun in der Höhle umschaute, merkte sie, wie dunkel es eigentlich bereits geworden war. Aber ihre Äuglein waren so gut, dass sie immer noch genug sehen konnte. Nun war sie doch etwas neugierig. Vielleicht stand draußen ja schon der Mond am Himmel! Also schlich das Mäusekind durch die Küche und die Wohnhöhle bis zum Eingangstunnel. Der führte nach oben und in den Wald hinaus.

Oben am Eingang angekommen, lugte Pippa vorsichtig nach draußen. Tatsächlich – da stand der Mond am Himmel und leuchtete durch die Bäume hindurch auf die kleine Pippa herab. Im Mondlicht glänzten die Blätter auf dem Waldboden ganz silbern. Auch ein paar Sterne funkelten fröhlich durch das Geäst. Alles war so friedlich und ruhig …

Inzwischen fingen aber ihre Äuglein an, ein bisschen zu brennen. Immer häufiger musste sie mit den Pfötchen darüberreiben. Also kroch Pippa langsam zurück in die Mäusehöhle. Was sie wohl nun mit ihrer Zeit noch machen könnte, überlegte sie, und unterdrückte ein Gähnen. Am Eingang zur Schlafhöhle der Eltern blieb sie kurz stehen. Immer noch war nichts zu hören außer dem Schnarchen von Papa Maus. Als Pippa sich umdrehte, stieß sie gegen eine ihrer kleinen Puppen. Das gab ein leises Geräusch, das Pippa inmitten der nächtlichen Stille doch laut vorkam. Da erschien im Schlafhöhlen-Eingang auch schon das Gesicht der Mäusemutter.

„Aber Pippa, was machst du denn hier?", flüsterte sie ganz erstaunt. „Hab ich dich denn nicht schon vor Stunden …" Und dann fiel es der Mäusemutter ganz plötzlich wieder ein: Sie hatte ja ihre Pippa gar nicht ins Bett gebracht! Leise, um den Vater und die Geschwister nicht zu wecken, nahm sie das kleine Mäusekind auf ihre Arme und trug es zu seiner Schlafhöhle hinüber.

„Bist du denn gar nicht müde, Pippalein?"

Pippa versuchte, die Äuglein offenzuhalten und eine abwehrende Antwort zu geben – aber heraus kam nur ein langes, ausgiebiges Gähnen. Mama Maus legte sie auf ihr weiches Moosbettchen, und da merkte Pippa erst, wie schön warm und kuschelig es dort eigentlich war! Das Kissen war so herrlich weich und duftete sanft nach frischem Moos und Waldboden …

Als die Mutter die Decke über Pippa ausbreitete und vorsichtig feststeckte, da war die kleine Maus schon tief und fest eingeschlafen. Heute Nacht würde sie von silbern glänzenden Sternen und Bäumen voller Haselnüsse träumen! Die Mutter strich ihr noch einmal sanft über das kleine Köpfchen, lächelte still in sich hinein, und huschte dann zurück in ihr eigenes warmes Bett.

*Der Herr selbst behütet dich! Der Herr ist dein
schützender Schatten über deiner rechten Hand.
Die Sonne wird dir am Tag nichts anhaben noch
der Mond bei Nacht.*

Psalm 121,5-6

15. Hundetage

Bruno ist ein Bernhardiner. Ein ziemlich großer, ziemlich zotteliger, aber auch sehr lieber, braver Familien-Hund. Morgens früh um halb sieben, wenn der Wecker klingelt und sein Herrchen aufsteht, dann rappelt sich auch Bruno von seiner Hundedecke hoch. Vor der Badezimmertür wartet er, dass Herrchen fertig wird und mit ihm in die Küche hinuntergeht. Dann gibt es Frühstück – für Bruno und für Brunos Herrchen. Und anschließend verabschiedet sich Herrchen, um mit dem Auto irgendwohin zu fahren. So geht das jeden Morgen, und inzwischen macht sich Bruno auch keine Sorgen mehr: Herrchen kommt ja wieder. Meistens sogar pünktlich.

Etwas später kommt auch Frauchen herunter, streichelt Bruno über den Kopf und lässt ihn in den Garten hinaus. Bruno kontrolliert gewissenhaft den Gartenzaun – tatsächlich, es ist immer noch keine Lücke darin! Er verjagt ein paar aufmüpfige Tauben und verrichtet sein Morgengeschäft. Dann legt er sich auf die Terrasse und macht noch ein Nickerchen. Wer früh aufsteht, darf auch früh Pause machen. Mit diesem Gedanken fallen ihm die Augen zu. Die Schnauze hat er gemütlich in einem von Herrchens Gartenpantoffeln vergraben. Was für ein schöner, ganz normaler Morgen … Ein bisschen Wirbel verbreiten allerdings die Kinder, als sie wenig später durch den Vorgarten eilen und irgendwohin verschwinden. Aber das tun sie eigentlich auch jeden Morgen. Bruno hüpft ihnen zwar bis zum Gartentor hinterher – aber dann trottet er wieder zu seinem Ruheplätzchen zurück.

Irgendwann kommt Frauchen und ruft Bruno zurück ins Haus. Ein bisschen krault sie ihm das Fell. Schließlich ist Bruno wirklich ein sehr lieber und auch sehr kuscheliger Hund. Dann geht auch Frauchen aus dem Haus, irgendwohin. Bruno kennt das schon. Irgendwo findet sie jetzt jede Menge lecker riechende Dinge, und dann kommt sie mit zwei großen Tüten wieder zurück! Schade nur, dass Bruno nie an alle diese tollen Sachen drandarf ... aber zumindest bekommt er ein Leckerli, weil er so brav gewesen ist.

Nun dauert es nicht mehr lange, dann kommen auch die Kinder wieder zurück. Sie bekommen etwas zu essen, Bruno nicht. Aber eigentlich hat er auch noch gar keinen Hunger – der kommt erst abends, und dann gibt es auch für ihn etwas Feines. Herrchen und Frauchen sorgen schon sehr gut für ihn!

Ein Eichhörnchen tapst am Nachmittag durch den Garten und klettert dann auf die alte Tanne im Nachbargarten hinauf. Diese Tierchen sind ganz schön flink – da kommt Bruno nicht mit. Aber er ist ja schließlich auch nicht mehr der Jüngste. Er war schon da, bevor Herrchen und Frauchen diese wuseligen kleinen Kinder bekommen haben. Eifrig und aufmerksam hat er dabei geholfen, sie zu erziehen und zu beschützen! Wann immer ein Fremder den Kindern zu nahe kommt, kriegt er Brunos drohendes Knurren zu hören. Aber meistens ist das gar nicht wirklich nötig ... Herrchen und Frauchen passen ja auch gut auf.

An manchen Tagen spielen die Kinder nachmittags mit Bruno, toben mit ihm durch den Garten oder lassen sich andere lustige Dinge einfallen. Einmal haben sie ihm sogar einen Sonnenhut aufgesetzt. Der war ihm aber doch sehr lästig, hat an den Ohren gejuckt und ist ihm dauernd über die Augen gerutscht. Nachdem er ihn zum fünften Mal heruntergeschüttelt hatte, haben es dann auch die Kinder endlich verstanden und ihn damit in Ruhe gelassen.

Manchmal – aber ganz selten nur – werden diese wuseligen Kinder tatsächlich auch einmal müde. Und manchmal kuscheln sie sich dann sogar zwischen Brunos großen Pfoten an sein weiches, warmes Fell und schlafen einfach ein. Bruno hat sie sehr lieb, diese wuseligen Kinder!

Und wenn ein Tag sehr lang und sehr anstrengend war, dann ist Bruno auch froh, wenn er abends mit Frauchen zusammen die Kinder ins Bett bringen kann. Jedes von ihnen drückt ihn noch einmal, krault ihn hinter den Ohren und schlüpft dann in sein Bett. Während Frauchen den Kindern noch eine Geschichte vorliest, trottet Bruno wieder zu Herrchen ins Wohnzimmer zurück und macht es sich mit ihm gemeinsam bequem – Herrchen auf dem Sofa und Bruno auf dem Teppich davor.

Und wenn schließlich auch Herrchen und Frauchen müde geworden sind, dann sagen auch sie Bruno Gute Nacht und kriechen unter ihre Bettdecke. Und Bruno rollt sich auf seiner Hundedecke zusammen, legt den müden Kopf auf seine großen Pfoten, schließt die Augen … und schläft zufrieden ein.

Du kannst dich ohne Angst schlafen legen und dein Schlaf wird erholsam sein.

Sprüche 3,24

53

16. In der alten Eiche

Es ist ganz früh am Morgen. Die meisten Tiere im Wald schlafen noch. Nur ganz wenige wachen gerade auf, recken und strecken sich und blinzeln verschlafen ins erste trübe Tageslicht. Noch ist die Sonne gar nicht richtig aufgegangen. Man kann sie noch nicht sehen. Nur ein bisschen heller ist es eben schon geworden.

Während die meisten Tiere sich nur mühsam aus ihren Träumen lösen, versucht in der großen alten Eiche am Waldrand Mama Eule ungefähr genauso mühsam, ihren kleinen Sohn ins Bett – besser gesagt: ins Nest zu bringen. Eine lange Nacht liegt hinter den beiden. Spät am Abend, als es schon ganz dunkel war, ist der kleine Eulenjunge aufgewacht. Und in dieser Nacht durfte er die ersten eigenen Flugversuche unternehmen! Bisher musste er immer im Nest sitzen bleiben, bis Mama mit dem Futter nach Hause kam. Aber nun wird sich das ändern! Die ganze Nacht hat er geübt, ein ums andere Mal ist er von einem Ast zum nächsten gehüpft – mit immer größeren Abständen. Und ganz zum Schluss, gerade eben bevor die Morgendämmerung einsetzte, da hat er es geschafft: Einmal ganz um die große alte Eiche herum – ohne Zwischenstopp!

„Mama, darf ich das noch einmal machen? Noch ein letztes Mal? Das war sooo toll!", bettelt er.

„Aber Schatz", erwidert Mutter Eule, „du kannst doch morgen wieder fliegen! Siehst du nicht, wie es zwischen den Blättern immer heller wird? Zeit für dein Morgenessen – und danach ab ins Nest mit dir!" Sanft stupst sie ihn mit ihrem hübsch gebogenen Schnabel, und der kleine Eulerich stößt einen tiefen Seufzer aus.

„Naa guuut ...", brummelt er. Aber ehrlich gesagt sind seine kleinen Flügel auch schon ziemlich schwer und müde.

Nach dem Essen putzt er sich die Federn und kuschelt sich ganz dicht an seine Mama. So eine schöne Nacht war das! Fliegen ist wirklich toll. Er kann sogar noch ein bisschen spüren, wie der Wind um sein Schnäbelchen weht ...

Während ihrem kleinen, bald schon großen Jungen die müden Äuglein zufallen, legt Mama Eule beide Flügel um ihn und singt, wie jeden Abend, das alte Eulen-Schlaflied:

„Die Sonn' ist aufgegangen,
die weißen Wölkchen prangen
am blauen Himmelszelt ...“

Und während der übrige Wald langsam erwacht, schlafen Mutter und Sohn in ihrem kuscheligen Nest bald tief und fest.

Du hast den Mond geschaffen, um die Jahreszeiten zu bestimmen, und die Sonne, die weiß, wann sie untergehen muss.

Du hast die Dunkelheit geschickt, und es wird Nacht, in der sich alle Tiere des Waldes regen.

Psalm 104,19-20

17. Abends am See

Langsam neigt sich der Sommertag seinem Ende entgegen. Unten am See wird es immer ruhiger. Familie Fisch ist schon schlafen gegangen und auch die anderen Bewohner von See und Ufer machen sich bereit für die Nacht.

„Müssen wir denn wirklich schon ins Bett, Mama?", fragen die kleinen Entenküken. „Wir sind noch gar nicht müde!", quakt das kleinste – aber dann kann es sich doch das Gähnen nicht verkneifen und die Entenmama antwortet mit einem Schmunzeln: „Soso, noch gar nicht müde, ja?", und schiebt ihre Kleinen sanft in Richtung Nest.

Auch der alte Fischotter lächelt leise vor sich hin, während er das allabendliche Treiben am See beobachtet. Ja, so war das hier schon immer: Es gibt so viel zu entdecken und zu erleben, dass die Jungen es kaum erwarten können, bis ein neuer Tag beginnt – und abends wollen sie den alten Tag nicht gehen lassen. Es könnte ja noch so viel Interessantes passieren, während sie schlafen! Trotzdem: Mama Ente bringt wie jeden Abend ihre Küken ins Bett, genauso wie Mama Fischotter und all die anderen es auch tun.

Über dem See tanzen die letzten Libellen und im Schilf am Ufer machen sich die Frösche zu ihrem Abendkonzert bereit. Das erste leise Quaken ist schon zu hören. Der dicke Franz macht sich bereit, seinen Chor zu dirigieren. Auch einige Grillen stimmen mit leisem Zirpen ein.

Der alte Fischotter schlendert noch ein wenig am See entlang. Er kennt hier so gut wie jeden. Und so grüßt er mal hier und mal dort seine Freunde oder wünscht den Kindern eine gute Nacht. Schließlich erreicht er sein Lieblingsplätzchen. Es ist ein kleiner Hügel, von dem aus man gut den ganzen See überblicken kann. Außerdem hört man hier das Konzert der Frösche am allerbesten.

Heute Abend ist er hier oben allerdings nicht alleine.

„Nanu?", wundert er sich. „Was machst du denn hier oben?" Da hat sich doch tatsächlich ein kleines Entenküken heimlich, still und leise auf seinen Hügel hinaufgeschlichen und zwischen einigen Blättern versteckt. Wie es das wohl geschafft hat, sich vor den wachsamen Blicken der Mutter zu verbergen?

„Bitte, bitte verrat mich nicht!", bettelt es nun leise. „Bitte! Ich will doch nur ein einziges Mal zuschauen, wie die Frösche ihr Konzert geben. Und sehen, ob die Libellen auch schlafen gehen. Und hören, wie es leise wird am See. Wird es wirklich so leise und langweilig, wie Mama immer sagt? Gehen die Frösche nach dem Konzert auch schlafen?"

Da muss der Fischotter schmunzeln. Jaja, die Kinder! Und er erinnert sich daran, wie er selbst als kleiner Otter zum ersten Mal länger aufbleiben durfte.

„Also gut, du kleiner Frechdachs, dann bleib ruhig hier. Aber nach dem Konzert bringe ich dich gleich nach Hause zu deiner Mama, damit sie sich keine Sorgen um dich machen muss." Er legt den Arm um das kleine Entenküken, und gemeinsam lauschen sie dem wunderschönen Klang des gut geübten Froschgesangs. Nach den ersten Liedern werden dem kleinen Küken aber doch schon die Äuglein schwer. Und als das letzte sanfte Quaken verklingt, hört der alte Otter den tiefen, gleichmäßigen Atem eines kleinen, schlafenden Entenkükens. Vorsichtig hebt er es auf seine starken alten Arme und trägt es zurück ins heimische Nest. So, wie er es schon mit vielen anderen kleinen Küken und Fischotter-Kindern gemacht hat.

Singt miteinander Psalmen und Lobgesänge
und geistliche Lieder, und in euren Herzen wird
Musik sein zum Lob Gottes.

Epheser 5,19

Ideen, die Freude machen

18. Kleine Geschenke

Tante Katrin liebt es, anderen etwas zu schenken. Sie freut sich riesig, wenn sie anderen eine Freude machen kann. Und außerdem hat sie immer jede Menge tolle Ideen.

Heute sind Lissy und ihre Cousine Leonie bei Tante Katrin zu Besuch. Sie wollen gemeinsam Geschenke basteln. Dafür hat Katrin mehrere große Klumpen Ton besorgt. Ein Klumpen ist ganz hell – „So irgendwie weiß-grau-braun", meint Leonie – und ein anderer Klumpen ist ein bisschen rötlich. Beide sind in Plastiktüten verpackt, damit sie nicht austrocknen.

„Was wollt ihr denn gerne töpfern?", fragt Katrin. „Habt ihr schon Ideen?"

Beide Mädchen haben schon eine ganze Weile darüber nachgedacht. Eine Schmuckdose wollen sie basteln, ein Bild mit Handabdruck, kleine Tierfiguren. Oder vielleicht eine Müslischale mit schöner Verzierung. Oder einen Kettenanhänger? Aber der geht vielleicht zu schnell kaputt, wenn die Kette mal irgendwo gegenstößt ...

„Also gut. Bevor wir anfangen, muss aber der Ton noch ein bisschen behandelt werden. Achtung!", warnt Katrin, und dann knallt sie ein großes Stück Ton auf die Arbeitsfläche. Und noch einmal. Und noch einmal. „Der Ton muss weich genug zum Bearbeiten sein, deshalb muss man ihn erst mal ein bisschen kneten. Und außerdem dürfen keine Luftbläschen mehr drin sein – sonst gehen unsere Kunstwerke nachher im Brennofen kaputt."

Nun drückt sie jedem der Mädchen ein faustgroßes Stück Ton in die Hand. Eifrig fangen die beiden an zu kneten und zu formen.

Lissy rollt aus ihrem Tonstück eine lange dünne Schlange. Ganz vorsichtig und ganz gleichmäßig. Als sie schließlich damit zufrieden ist, rollt sie die Schlange von einem Ende her auf. Katrin hilft ihr ein bisschen dabei und erklärt, wie man den Ton an den Seiten etwas anrauen kann, damit er besser hält. Jetzt sieht das Ganze fast aus wie eine große Lakritzschnecke aus rotbraunem Ton. „Das ist schon mal der Deckel. Fehlt nur noch die Dose!"

Leonie hat in der Zwischenzeit eine runde Kugel geformt und diese dann vorsichtig platt gedrückt. Mit einem alten Nudelholz rollt sie noch ein paar Mal darüber, damit es auch richtig schön gleichmäßig wird. Und dann drückt sie ihre ganze Hand mit ausgestreckten Fingern mitten in die Tonfläche hinein. Auf die Finger muss sie noch mal mit der anderen Hand draufdrücken, damit man sie hinterher auch richtig erkennen kann. Mit einem Zahnstocher ritzt sie dann ihren Namen hinein, schräg über dem Handabdruck. Und ein kleines Herzchen – das Bild soll für ihre Oma sein. Lissy hat nun mit Katrins Hilfe auch die Schmuckdose fertig geformt. Der Deckel ist ein bisschen zu groß, aber das macht fast gar nichts – besser zu groß als zu klein.

„Meinst du, dass Mama sich darüber freut?", fragt sie leise. Tante Katrin lächelt sie fröhlich an: „Aber natürlich tut sie das. Wer würde sich nicht über eine so wunderschöne, liebevoll selbst gemachte Schmuckdose freuen? Bestimmt würde sich selbst dein Papa darüber freuen, auch wenn er gar keinen Schmuck hat, den er darin aufbewahren könnte."

„Geschenke machen ist toll", findet Leonie. „Dann weiß der andere immer, wenn er das Geschenk anschaut, dass man ihn lieb hat."

„Mich hat auch jemand lieb", erklärt Tante Katrin. „Ich glaube, Gott hat mich sehr, sehr lieb, dass er mir euch beide geschenkt hat."

„Aber auch Mama und Papa!", ergänzt Leonie. „Und Oma und Opa und Onkel Max."

Da muss Tante Katrin ihre beiden Mädchen erst einmal fest in den Arm nehmen, bevor sich alle drei wieder auf ihre Töpferarbeit konzentrieren und vorsichtig die letzten rauen Stellen im Ton glatt streichen.

Lebt nun auch als Kinder des Lichts!

Denn dieses Licht in euch bringt lauter Güte, Gerechtigkeit und Wahrheit hervor. Findet heraus, was dem Herrn Freude macht.

Epheser 5,8-10

19. Weiße Wände

Sara hat eine große Schwester. Eine richtig große – nicht nur so ein bisschen größer als Sara! Emmi ist schon fünfzehn. Und manchmal macht sie komische Sachen. Heute zum Beispiel. Sara hat gestern erst Ärger von ihren Eltern bekommen, weil sie die Tapete im Flur angemalt hat – dabei waren es so schöne bunte Blumen! Viel schöner als die langweilige weiße Wand! Aber Mama sagt, das macht man nicht. Zum Malen benutzt man Malblöcke, und nicht die Wände.

Und was macht Emmi heute? Sie steht mit einem Pinsel in der Hand auf einem Stuhl in ihrem Zimmer und malt viele große Buchstaben an die Wand!

„Emmi, das darfst du doch nicht!", flüstert Sara ganz aufgeregt. „Mama wird furchtbar böse, wenn sie das sieht!" Emmi dreht sich zu ihrer kleinen Schwester um.

„Böse? Wieso das denn?"

„Du darfst doch nicht die Wand anmalen! Dafür muss man Malblöcke nehmen!"

Emmi guckt einen Moment lang ziemlich erstaunt. Aber dann breitet sich langsam ein Lächeln über ihr Gesicht aus. „Ach, Sari! Du meinst, weil Mama gestern mit dir geschimpft hat?" Vorsichtig klettert Emmi von ihrem Stuhl herunter und legt den Pinsel beiseite. Dann setzt sie sich mit Sara zusammen auf ihr Bett.

„Weißt du, was ich da male?", fragt sie. Sara schüttelt erst den Kopf, aber dann sagt sie: „Buchstaben!"

„Stimmt", lacht Emmi. „Ich schreibe einen Satz aus der Bibel an die Wand, der mir gerade total wichtig ist. So vergesse ich ihn nicht so schnell, weil ich ihn jederzeit sehen kann. Dafür reicht ein Malblatt nun einmal nicht. Willst du den Satz mal hören?"

„Hm...", macht Sara. Aber Emmi liest ihn trotzdem vor:

„«Gott ist bei dir. Begeistert freut er sich an dir. Er jauchzt mit lauten Jubelrufen über dich.» Ist das nicht toll? Dass Gott sich so über uns freut?" Strahlend schaut sie ihre kleine Schwester an. Da seufzt Sara ganz tief.

„Ja, Emmi, das ist toll. Aber trotzdem schimpft Mama bestimmt mit dir!"

Mit einem Augenzwinkern erklärt Emmi ihr nun, dass sie Mama vorher gefragt hat. Außerdem hat sie das Ganze erst auf einem Blatt ausprobiert und geübt, damit es auch wirklich ordentlich und schön wird – und Mama hat es erlaubt!

Darüber kann Sara nur staunen. Natürlich will sie selber auch daran erinnert werden, dass Gott sie lieb hat. Ob Mama ihr dann auch erlaubt, an die Wand in ihrem Zimmer zu malen? Aber ... Sara kann ja noch gar nicht schreiben. Und wie soll man so einen Satz mit einem Bild malen? Ein großes Herz vielleicht? Da hat Emmi eine Idee:

„Erinnerst du dich noch an die Geschichte, in der die Kinder zu Jesus kommen wollen und Jesus' Freunde schicken sie wieder weg? Und in der Jesus dann mit den Freunden schimpft und die Kinder dürfen doch alle kommen? Vielleicht kannst du das ja malen ... oder zumindest Jesus mit den Kindern. Und wenn du dir das Bild dann anschaust, erinnert es dich auch daran, dass Jesus dich lieb hat, so wie diese Kinder!"

Diese Idee findet Sara gut. Sofort sucht sie sich einen Malblock, bunte Stifte und ihre Kinderbibel. In der Bibel sucht sie nach Bildern von Jesus. Sie findet sogar eines, wo er mit den Kindern zusammen drauf ist. Ein Kind hält er da im Arm und ein anderes, kleineres sitzt auf seinem Schoß. Das Bild gefällt Sara so gut, dass sie versucht, es möglichst genau nachzumalen. So ganz gelingt ihr das nicht – es ist schon ziemlich schwierig, Hände und Gesichter zu zeichnen … Aber dann kommt Emmi ihr zu Hilfe. Sie zeichnet das Bild ganz vorsichtig mit feinen Strichen vor, und Sara muss es nur noch ausmalen. Das macht sie sehr, sehr gründlich und ordentlich. Erst sucht sich Sara die schönsten Farben aus, dann malt sie Jesus und die Kinder an. Mit viel Mühe und Konzentration schafft sie es, an den Rändern nicht drüberzumalen und die Farben ganz gleichmäßig zu verteilen.

Als sie schließlich mit dem Ausmalen fertig und zufrieden ist, gehen die beiden Schwestern gemeinsam mit dem Bild zu Mama. Und als Sara abends schlafen geht, träumt sie schon davon, das Bild bald gemeinsam mit Emmi neben ihrem Bett an die Wand zu malen. Dann wird sie sich jeden Abend daran erinnern, dass Jesus sie lieb hat und sich über sie freut.

Der Herr, dein starker Gott, der Retter, ist bei dir. Begeistert freut er sich an dir. Vor Liebe ist er sprachlos ergriffen und jauchzt doch mit lauten Jubelrufen über dich.

Zefanja 3,17

20. Masken

Leonie sitzt am Küchentisch und bastelt eine Maske. Vor ihr liegen ein runder Pappteller, mehrere kleine Schüsseln mit Fingerfarbe und einige bunte Stifte. Mama hat schon mit der Schere zwei Löcher für die Augen in den Pappteller geschnitten. Nun muss sich Leonie entscheiden, was für eine Maske es werden soll. In ihrem Zimmer hat sie schon ganz viele solcher Masken, die liegen alle in einer Schublade unter dem Bett.

Da gibt es eine süße braune Katze mit einer pinken Schleife um den Hals und einem kleinen weißen Fleck auf der Nase. Bei dieser Maske hat ihr Tante Katrin geholfen, deshalb ist sie besonders schön geworden.

Und es gibt einen gefährlich aussehenden, Feuer spuckenden bunten Drachen mit buschigen schwarzen Augenbrauen und grünen Zacken auf dem Kopf ... na ja, eigentlich sieht er eher ein bisschen lustig aus als gefährlich. Fast so lustig wie der Clown mit der dicken roten Nase und dem lachenden Mund.

Am liebsten mag Leonie aber den Schmetterling mit den schönen, farbenfrohen Mustern. Mama sagt, jeder Schmetterling war früher mal eine kleine knubbelige Raupe. Irgendwie kann Leonie sich das noch nicht so richtig vorstellen ... Aber vielleicht hat Mama ja trotzdem recht. Jedenfalls erinnert sie der Schmetterling an fröhliche, warme Sommertage und ganz viel gute Laune. Und es wäre schön, einmal wie ein Schmetterling durch den Garten und über die Wiesen fliegen zu können. Einfach ein bisschen mit den zarten Flügeln zu flattern, und schon ist man ganz woanders.

Leonie liebt es, ihre Masken aufzusetzen und so zu tun, als wäre sie jemand anderes. Zum Beispiel setzt sie manchmal ihre Oma-Maske auf und tut so, als wäre Mama ihr Kind und müsste alles machen, was „Oma Leonie" sagt. Oder sie nimmt die Pferde-Maske und ihr kleiner Bruder darf auf ihrem Rücken reiten – allerdings ist Leonie ein etwas eigenwilliges Pferdchen, das nicht immer auf seinen Reiter hört. An anderen Tagen zieht sie die Katzen-Maske an, klettert auf Papas Schoß und schnurrt so lange, bis er ihr ausgiebig den Rücken krault. Wenn Papa dann sagt: „Ach Leonie, nicht jetzt!", dann maunzt sie ganz empört:

„Ich bin doch nicht Leonie! Ich bin eine kleine Schmusekatze, und Schmusekatzen muss man den Rücken kraulen."

Nun sitzt Leonie also wieder am Küchentisch, um eine weitere Maske zu basteln. Nach einigem Überlegen entscheidet sie schließlich, dass es diesmal eine Maus werden soll. Gerade ist ihr nämlich wieder eingefallen, wie letzten Sonntag im Kinder-Gottesdienst Lilly behauptet hat, dass ihre Freundin Mia Angst vor Mäusen hätte. Mia hat gesagt, dass das nicht stimmt, aber keiner wollte ihr glauben. Wenn Leonie jetzt eine Mäuse-Maske bastelt, dann kann sie am nächsten Sonntag eine kleine Maus sein und allen anderen zeigen, dass Mia gar keine Angst hat. Vielleicht schenkt sie Mia dann sogar die Maske ...

Als Mama leise fragt, was es für eine Maske werden soll, sagt Leonie genauso leise (weil sie noch ganz in Gedanken ist): „Es wird eine Maus. Eine hübsche kleine Maus ... Am Sonntag will ich nämlich nicht Leonie sein, sondern eine kleine Maus."

„Du willst nicht Leonie sein? Warum denn nicht?", fragt Mama. „Willst du dich vor Gott hinter deiner Maske verstecken?"

Da muss Leonie erst einmal erklären, wie das mit den Masken eigentlich ist: „Ich verstecke mich doch nicht hinter meiner Maske. Ich will nur eine Weile jemand anders sein. Außerdem brauche ich mich vor Gott nicht zu verstecken. Der weiß doch sowieso, dass ich das bin, hinter der Maske. Und er freut sich bestimmt, dass ich da bin, egal ob als Maus oder als Leonie."

So hat Mama das wohl noch nie gesehen. Nachdenklich nickt sie mit dem Kopf und lächelt. Und Leonie nimmt sich etwas braune Farbe und fängt an, mit vorsichtigen Strichen ihre Maus zu malen. Es wird eine sehr niedliche kleine Maus, mit einer Stupsnase, feinen Barthärchen und einem ganz lieben Gesicht.

Wenn ich Angst habe, vertraue ich dir.
Gott, ich preise dein Wort und vertraue auf dich,
warum sollte ich mich fürchten?

Psalm 56,4-5

21. Windspiele

Jule und Emil kommen gemeinsam vom Kindergarten nach Hause. Emils Mama hat die beiden abgeholt, weil Jules Mama heute einen wichtigen Termin hat und Jule deshalb nicht selber abholen kann. Draußen ist es heute ziemlich windig. Jule hat sogar schon ihre Wintermütze angezogen. Aber Emil findet es eigentlich eher lustig. „Schau mal, wie der Wind die Blätter herumwirbelt!", ruft er. Jule sieht es.

„Papa hat gesagt, wir können heute Nachmittag den Drachen steigen lassen", sagt sie. Das findet Emil prima. Nur leider dauert es noch eine Weile, bis Jules Papa nach Hause kommt. Was man wohl bis dahin unternehmen könnte?

„Wie wäre es mit einem Windspiel?", schlägt Emils Mama vor. „Wir könnten eins zusammen basteln." Aus einer alten Bastelkiste holt sie eine ganze Menge interessante Dinge hervor. Ein paar Metallröhrchen, die leise klimpern und klingeln, wenn sie aneinanderstoßen. Hübsch geformte Muscheln und einige Holzstücke. Einen lustig gedrehten und verzweigten Ast, ein paar Münzen mit Löchern darin und ein langes Stück Schnur.

„Und was machen wir jetzt damit?", fragt Jule. „Wie geht denn das Windspiel?"

Emils Mama erklärt, dass das Windspiel kein Spiel ist, das sie selber spielen können, sondern etwas, womit der Wind draußen spielen kann. Es ist so ähnlich wie ein Mobile. Man hängt viele schöne Dinge an einen Ast, und wenn der Wind später damit spielt, kann man ihm dabei zuhören, weil die Sachen klimpern und klappern, klirren oder klackern. Außerdem sieht es einfach schön aus.

Gemeinsam machen sie sich ans Werk: Jule fädelt die Münzen auf mehrere Stücke Schnur und hängt sie an verschiedenen Stellen an den Ast. Emil macht das gleiche mit den Metallröhrchen – so, dass sie nah beieinander hängen und sich im Wind berühren können. Dann werden die Holzstücke mit bunter Farbe lustig angemalt. Manche bekommen Gesichter, andere ein Muster oder ein hübsches Symbol – Sonne, Herz, Regenbogen. Nachdem sie getrocknet sind, kommen auch sie mit einem Stück Schnur an den Ast. Die Muscheln hängt Emils Mama so dazwischen, dass sie sich nicht berühren, sondern nur ein bisschen hin und her schwingen können. Sonst würden sie vielleicht zerbrechen, und das wäre doch sehr schade.

Ganz zum Schluss wird dann der Ast draußen im Garten aufgehängt. Stolz stehen alle drei davor und beobachten, wie der Wind anfängt, sein neues Spielzeug zu erproben. Vorsichtig zupft er an den Dingen. Zärtlich stupst er sie an. Leise klingelt und klimpert es, als die Münzen und die Metallröhrchen aneinanderstoßen, und die Holzstücke leuchten bunt und fröhlich. Eine Weile beobachten Emil und Jule die sanften Bewegungen der einzelnen Teile. Sie lauschen den verschiedenen Geräuschen. Wenn man die Augen schließt, dann klingt es fast wie Musik ... wie eine Melodie aus einem tiefen, wunderschönen Traum.

Du spannst den Himmel aus wie eine Zeltdecke und
errichtest über den Wolken deine Wohnung.
Du machst die Wolken zu deinen Wagen und reitest
auf den Flügeln des Windes.

Psalm 104,2-3

22. Die Verkleidungskiste

Lucy und Sam langweilen sich. Draußen regnet es in Strömen, Mama ist damit beschäftigt, „ihren Papierkram zu sortieren", und keiner hat Zeit, um mit den beiden zu spielen. Mit ihren Bausteinen haben sie schon eine ganze Stadt gebaut. Auf Malen hat keiner von beiden Lust. Irgendwie ist alles langweilig ...

Aber dann hat Lucy eine Idee: „Mama, dürfen wir an deine Verkleidungskiste?"

In Mamas Schrank, ganz hinten drin, steht nämlich eine große alte Kiste mit vielen Sachen zum Verkleiden.

Ja – Sam und Lucy dürfen sich die Kiste herausholen und mit den Sachen spielen. Natürlich im Schlafzimmer der Eltern, denn dort hängt der schöne große Spiegel, in dem sie sich dabei selbst bewundern können.

Vorsichtig ziehen die beiden die Kiste aus dem untersten Schrankfach heraus. Sam öffnet den Deckel, und beide schauen erwartungsvoll über den Rand.

„Ach ja – Mamas altes Sommerkleid!", freut sich Lucy. Dieses Kleid hatte Mama immer besonders gern, aber jetzt passt sie leider nicht mehr hinein. Lucy zieht das Kleid zwischen den anderen Sachen hervor und schlüpft hinein. Natürlich ist es viel zu groß. Es reicht ihr bis zu den Füßen und ein bisschen weit ist es auch. Da muss wohl noch ein Gürtel her, um das Ganze etwas zusammenzuhalten. Lucy findet einen in der Kiste, der hat eine goldene Schnalle mit kleinen glitzernden Steinchen darauf.

Sam hat in der Zwischenzeit ganz andere Dinge entdeckt: Krawatten und eine alte Fliege von Papa. Hüte und einen Spazierstock von Opa. Und eine schicke schwarze Weste. Die Weste muss er natürlich sofort anprobieren. Dazu eine von Papas Krawatten – oder besser gleich zwei. Und den lustigen Jägerhut mit dem grünen Band und der Feder daran. Mit dem Spazierstock in der Hand marschiert Sam nun vor dem Spiegel auf und ab. Oh ja, das sieht gut aus!

„Ich bin ein Jäger, und heute gehe ich zu einem Jäger-Fest!", verkündet er.

„Dürfen zu dem Jäger-Fest auch die Jäger-Frauen mitkommen?", fragt Lucy. Sie hat inzwischen einige lange Ketten gefunden und alte Ohrringe von Oma. Für die Ohrringe braucht man gar keine Ohrlöcher, man kann sie einfach so an den Ohrläppchen festklipsen. Mit einem schönen bunten Seidentuch um die Schultern sieht Lucy jetzt tatsächlich so aus, als wolle sie zu einem Fest.

„Okay", sagt Sam, „du kannst mitkommen!" Und wie ein richtiger Gentleman reicht er ihr seinen Arm, damit sie sich bei ihm unterhaken kann.

„Eigentlich brauchen wir auch noch passende Schuhe. Wir können doch nicht barfuß zu dem Fest gehen! Was sollen denn die anderen Jäger und Jäger-Frauen von uns denken?" Da hat Lucy natürlich recht. Also machen sie noch einmal kehrt und wühlen noch ein bisschen in der Kiste.

Es ist ganz erstaunlich, was so eine Kiste alles enthalten kann. An manche Sachen können sich die Kinder noch gut erinnern: Mamas alter Strohhut, den sie im letzten Sommer immer getragen hat. Jetzt hat er leider ein Loch an der einen Seite. Papas Sonnenbrille – inzwischen hat er eine neue, die alte fand er nicht mehr schön. Und dann sind da ganz unten in der Kiste auch einige alte Schuhe. Lucy weiß schon, dass ihr die Schuhe von Mama viel zu groß sind. Deshalb nimmt sie lieber Omas alte Schuhe. Oma hat nämlich ganz kleine Füße, und ihre Schuhe sind nur ein bisschen zu groß. Außerdem gibt es da ein paar sehr schöne mit hohen Absätzen, die passen gut zu Mamas altem Sommerkleid. Für Sam gibt es nicht ganz so viel Auswahl – die Männerschuhe sehen alle ziemlich ähnlich aus. Ein paar braune gibt es und einige schwarze. Sam entscheidet sich für ein braunes Paar. „Schwarz ist ja schon meine Weste!"

Da entdeckt Lucy ganz unten in der Kiste noch etwas. Es ist ein kleines braunes Holzkästchen. Was da wohl drin sein mag? Neugierig holt sie es heraus und öffnet den Verschluss. In dem Kästchen liegt auf weichem blauem Stoff eine Brosche. Wunderschön ist die! Sie ist geformt wie ein Blatt, aus dünnem Golddraht. In dem Blatt sitzen zwei Vögelchen und um sie herum sind kleine Blüten aus bunten Edelsteinen. Auch die Augen der Vögel sind Edelsteine und auf dem Blattrand gibt es kleine, weiß schimmernde Perlen. Ganz vorsichtig nimmt Lucy die Brosche aus dem Kästchen heraus, um sie an ihrem Kleid zu befestigen. Mit dem Verschluss kommt sie nicht so ganz zurecht, deshalb geht sie zu Mama ins Arbeitszimmer und bittet sie um Hilfe.

„Mami, kannst du mir die Brosche festmachen? Sam und ich wollen zu einem Fest!" Mama schaut von ihrer Arbeit auf.

„Ach, Lucy, was hast du denn da gefunden?", sagt sie leise. „Die Brosche hatte ich ja fast vergessen!" Sie steht vom Schreibtisch auf und kommt zu Lucy herüber. Mit einem kleinen Lächeln nimmt sie die alte Brosche in die Hand und streicht mit einem Finger sanft darüber. „Weißt du, wem diese Brosche gehört hat, Lucy? Sie ist noch von deiner Uroma! Die hat sie von ihrem Mann – deinem Uropa – zur Hochzeit geschenkt bekommen. Er hat sie sich selbst ausgedacht und dann von einem Goldschmied anfertigen lassen." Nun befestigt sie die Brosche an Lucys Kleid. „Pass gut darauf auf, ja? Leg sie nachher bitte wieder in das Holzkästchen zurück! Diese Brosche ist nämlich besonders wertvoll, weil sie so alt ist. Sie erinnert uns an die Menschen, die damals gelebt haben – damit wir sie niemals vergessen. Und damit wir immer daran denken, wie lieb sich deine Uroma und dein Uropa hatten."

Herr, ich erinnere mich an alles, was du getan hast, an alle Wunder, die du einst vollbracht hast.

Psalm 77,12

23. Ein Haus wird gebaut

Jonas und Lisa sitzen in ihrem Kinderzimmer mitten zwischen ihren Duplo-Steinen. Alles, was sie gefunden haben, liegt nun um sie herum: der Bauernhof, das Wohnhaus und viele, viele einzelne Steine. Zwei große Haufen haben sie daraus gemacht – einen mit den ganz normalen Steinen und einen mit den besonderen. Daneben liegt schon eine große Bodenplatte bereit.

Die beiden wollen für sich und ihre Duplo-Figuren ein neues Haus bauen. Ein richtig schönes und praktisches! Zuallererst bauen sie dafür rund um die Bodenplatte herum einen Zaun. So kann jeder sehen, dass dieses Grundstück schon jemandem gehört. Natürlich darf in dem Zaun ein großes Tor nicht fehlen. Schließlich müssen ja auch Leute das Grundstück betreten können. Erst mal die Bauarbeiter, die das Haus bauen. Später die Familie und die Freunde. Und der Postbote.

Als der Zaun und das Tor fertig sind, stellt Jonas ein paar Bauarbeiter auf das Grundstück, die nun anfangen dürfen, das Haus zu bauen. Ein großes Haus soll es werden, mit ganz vielen Zimmern drin – Jonas und Lisa haben zusammen nämlich eine ziemlich große Menge Duplo-Figuren. Männer, Frauen, Kinder und auch einige Tiere. In ihrem Haus wird für alle genug Platz sein.

Steinchen für Steinchen bauen die beiden langsam die Mauern für das Haus. Jonas baut in die eine Richtung und Lisa in die andere, damit jeder genügend Platz hat. Ab und zu besprechen sie, was für Zimmer noch gebaut werden müssen. Ein Zimmer neben das andere, dazwischen kunterbunte Wände, Türen und auch ein paar Fenster. Aber die Fenster sind in diesem Haus nicht nur dazu da, nach draußen in den Garten zu schauen. In diesem Haus muss man auch von der Küche ins Wohnzimmer schauen können – dann kann die Mutter beim Kochen ihre Kinder beobachten, wie sie im Wohnzimmer spielen. Und die Kinder können immer gleich sehen, wenn das Essen fertig ist. Auch zwischen den Kinderzimmern gibt es ein kleines Fenster – dann können sich die Kinder abends beim Einschlafen noch ein bisschen sehen und fühlen sich in ihren eigenen Zimmern nicht so alleine.

In einer Ecke vom Haus baut Jonas ein Tier-Zimmer. Das gehört den Hunden. Da können sie hingehen, wenn sie mal nicht bei den Menschen sein wollen. Ein Hundekörbchen kommt da rein und ein paar Decken. Und die Futternäpfe.

Ins Wohnzimmer stellt Jonas einen besonders großen Tisch und viele Stühle, damit dort die ganze Familie und alle Freunde zusammensitzen können. Lisa stellt noch eine Blume mitten auf den Tisch.

Inzwischen hat Jonas unter all den vielen Duplos auch die Gärtner-Figur wiedergefunden. Na ja, eigentlich ist es ja der Bauer … aber der kann bestimmt auch gut einen Garten für das Haus machen. Also wird er zum Gärtner umfunktioniert und, mit einer Schaufel ausgerüstet, in den zukünftigen Garten gesetzt. Nach und nach pflanzt Jonas – nein, der Gärtner natürlich – dort ein paar Hecken und viele kleine bunte Blumen.

Richtig freundlich sieht es im Haus und um das Haus herum jetzt schon aus. Bevor aber ganz zum Schluss das Dach oben auf das Haus kommt, müssen die Schlafzimmer noch ein bisschen verbessert werden. So ein Schlafzimmer, das ist ja schon etwas Besonderes. Da muss man nämlich ganz besonders gut träumen können. Und zum Träumen, dafür muss man sich wohlfühlen, findet Lisa. Deshalb bekommen die Schlafzimmer besonders schöne, bunte Steine für die Wände, bequeme Betten und sogar kleine Vorhänge für die Fenster. Diese Idee hatte Jonas. Er hat es tatsächlich geschafft, selber Vorhänge zu basteln. Für eines der Zimmer gibt es auch einen kleinen Nachttisch. In den anderen müssen Stühle als Nachttisch dienen, um kleine Lampen darauf zu stellen.

Schade eigentlich, dass die Duplo-Figuren nicht so eine schöne Kinderbibel haben wie Jonas. Die gehört nämlich eigentlich auf das kleine Nachttischchen neben dem Bett ... so wie bei Jonas, in seinem Kinderzimmer. Damit Mama abends vor dem Schlafengehen noch etwas daraus vorlesen kann. Aber dann müssen die Duplo-Eltern eben die Geschichten selbst erzählen, wenn abends die Duplo-Kinder müde in ihren Betten liegen und in ihrem wunderschönen Haus anfangen, wunderschöne Träume zu träumen.

Denn jedes Haus
hat einen,
der es baut, aber Gott ist der,
der alles geschaffen hat.

Hebräer 3,4

Mit allen Sinnen

24. Überall riecht etwas!

Lea macht heute einen Spaziergang. Aber einen ganz besonderen! Es ist nämlich ein Duft-Spaziergang. Kennst du so etwas? Lea hat es sich ganz alleine ausgedacht. Sie beginnt damit bei Oma in der Küche.

„Was rieche ich denn hier?", fragt sie und hebt die Nase schnuppernd in die Luft.

„Vielleicht die frischen Kräuter, die ich gerade zum Trocknen aufgehängt habe?", vermutet Oma und hält Lea gleich ein ganzes Bündel unter die Nase. Hmm! Das duftet gut! Außerdem stehen auf einem Tablett viele verschiedene Gläser mit Honig und Marmelade und sogar ein Glas Schokocreme. Lea schraubt jedes einzeln auf, um den Duft zu „probieren".

Im Kühlschrank riecht es übrigens nach Salami, aber das findet Lea dann doch nicht so interessant. Auf ihrem Weg durch das Wohnzimmer erschnuppert sie einen Teller mit Keksen – na ja, eigentlich weiß Lea schon, dass der Teller da ist, denn der steht immer auf dem kleinen Tischchen vor dem Sofa. Aber der duftet jedenfalls auch sehr lecker. Irgendwie so, als wollten die Kekse sagen: „Iss mich, iss mich!" Sie haben ja keinen Mund zum Reden ... aber duften können sie ganz eindeutig und gut verständlich. Also steckt sich Lea im Vorbeispazieren einen Keks in den Mund – und einen in die Tasche ihrer Strickjacke. Als Wegzehrung sozusagen.

Bei Opa in der Werkstatt riecht es schon ganz anders als eben noch bei Oma in der Küche. Hier riecht es nach Arbeit und Schweiß und Holz.

„Was schnuppert denn mein Näschen hier?" Opa hält seiner Enkelin mehrere verschiedene Holzstücke zum Schnuppern hin. Vorsichtig atmet Lea ihren Duft ein – sie riechen tatsächlich alle ein bisschen unterschiedlich! Aber der Holzleim stinkt. Ansonsten findet Opa noch eine alte Dose mit Schuhcreme, aber die riecht leider auch nicht viel besser …

Also spaziert Lea wieder weiter. Schließlich gibt es auf ihrem Weg noch sehr viel mehr zu entdecken. Im Flur riecht es ein bisschen nach nasser Erde, weil dort noch die dreckigen Gummistiefel vom letzten Ausflug stehen. Draußen hat es heute ziemlich geregnet.

„Gibt's hier was zu schnuppern?", fragt Lea auch, als sie den kleinen Wäscheraum im Keller betritt.

„Zu schnuppern?", fragt Mama, „Warum suchst du denn etwas zu schnuppern?"

„Ach, Mama! Das macht man doch so bei einem Duft-Spaziergang. Außerdem gibt es überall was zum Riechen", erklärt Lea ein bisschen ungeduldig. Dass Mama das nicht selber weiß! Aber nun hat Mama auch schon die ersten Ideen.

„Wie wäre es denn hiermit?", fragt sie und hält Lea ein Paar Socken hin. Zum Glück muss sie dabei so sehr grinsen, dass Lea sofort merkt, dass ihre Nase diese Socken wohl doch nicht so gerne erschnuppern mag … Aber dann gibt es etwas viel Besseres. Mama holt nämlich die frische Wäsche aus dem Trockner, und Lea steckt ihr Näschen gleich ganz tief hinein. Das ist ein schöner Geruch.

Irgendwo holt Mama ein kleines Stoffbeutelchen hervor, das nach Lavendel duftet. Solche Beutelchen legt sie manchmal zwischen die Wäsche, damit die weiter gut riecht. Einmal hat sie auch abends eines auf Leas Kopfkissen gelegt, weil sie nicht schlafen konnte. Der Lavendel-Duft hat sie dann ein bisschen beruhigt.

Und dann entdeckt Lea noch etwas anderes: Mama. Mama riecht noch viel besser als die frische Wäsche, besser als Opas Holz und Omas Kräuter. Und sogar besser als der Lavendel. Mama riecht – nach Mama eben!

Ich bin ganz still und geborgen,
so wie ein Kind bei seiner Mutter.
Ja, wie ein Kind,
so ist meine Seele in mir.

Psalm 131,2

25. In der Instrumente-Kammer

„Komm, Tommy, heute zeige ich dir etwas ganz Besonderes!", sagte Tina, die Kindergärtnerin, an diesem Morgen. Tommy war noch nicht sehr lange im Kindergarten – eigentlich erst seit ein paar Tagen. In seiner Gruppe fühlte er sich schon ganz wohl, aber die restlichen Räume in dem großen Gebäude, die kannte er noch nicht so wirklich.

Tina streckte ihm die Hand entgegen: „Wir gehen jetzt nach oben in die Instrumente-Kammer!" Gemeinsam stiegen die beiden eine kleine Treppe hinauf. „Jede Gruppe darf diesen Raum nutzen. Manchmal gehen wir alle gemeinsam hierher und machen Musik. Aber bevor wir das tun, darf jedes Kind einmal ganz alleine herkommen und den Raum für sich erkunden. Du darfst dir alles ganz in Ruhe anschauen. Und wenn du möchtest, darfst du auch jedes einzelne Instrument ausprobieren – ganz, wie du willst!"

Tommy machte große Augen, als er sich in dem seltsamen Raum umschaute. Mit dem Finger stupste er vorsichtig an eines der Instrumente, das ganz in seiner Nähe stand.

„Kling-klong", machte es. „Kling-klong." Ein komisches Geräusch! Überhaupt schien es in diesem Raum eine Menge komischer Dinge zu geben, die komische Geräusche machten. Waren das überhaupt richtige Instrumente? Ein Klavier kannte Tommy ja schon und auf einer Flöte hatte er sogar selbst schon einmal gespielt.

Aber das hier? Verwundert betrachtete er ein langes, buntes Rohr. Es war an beiden Enden verschlossen und reichte Tommy vom Boden aus bis zum Bauch. Vorsichtig hob er es in die Höhe. Besonders schwer war es ja nicht. Irgendetwas schien darin zu sein. Als Tommy das Rohr ein wenig drehte, fing es leise an zu rascheln und zu rieseln und zu rauschen. Fast ein wenig wie Wellen am Meer! Oder wie Regen. Langsam drehte Tommy das Rohr hin und her und lauschte dem sanften Geräusch.

„Weißt du eigentlich, wer die Musik erfunden hat?", fragte Tina leise.

Tommy schüttelte den Kopf.

„Weißt du denn, wer dir deine Ohren gegeben hat, damit du die Töne hören kannst?"

Das weiß Tommy natürlich. „Gott! Der hat meine Ohren gemacht. Und alles andere auch. Also auch die Musik, stimmt's?" Wie gut, dass Gott so etwas Schönes erfunden hatte!

Vorsichtig stellte Tommy das Regen-Rohr wieder ab und sah sich weiter um. Auf einem Regal entdeckte er ein anderes seltsames Instrument. Es bestand aus vielen, vielen Schnüren, die alle nebeneinander auf eine Art Brett gespannt waren. Eigentlich schien es sogar eher Draht zu sein, der da gespannt war. Jedenfalls keine normale Schnur.

„Pling!", gab die erste Schnur von sich, als Tommy sanft daran zupfte. „Pleng", machte die zweite, „plöng", „plong" die nächsten. „Pling, pleng, plöng! Pling, pling, plöng, pling!"

Wenn man nicht an den Schnüren zog, sondern nur ganz zart darüberstrich, dann wurden auch die Töne sanfter und gingen ganz weich ineinander über. Tommy hatte das Gefühl, bei diesen Klängen einfach die Augen zumachen und träumen zu können. Ganz ähnlich war es beim nächsten Instrument: Es sah aus wie eine große Trommel, aber der Stab, mit dem man darauf trommeln konnte, hatte an der Spitze einen dicken, weichen Puschel, der die Töne dämpfte. So klangen die Schläge ganz weich, wie durch ein Kissen hindurch. An verschiedenen Stellen auf der Trommel erklangen dabei auch verschiedene Töne – höhere und tiefere, dumpfere und klarere. Tommy ließ den Stab nur ganz vorsichtig die Trommel berühren – immer leiser und leiser, bis er kaum noch etwas davon hören konnte.

Es gab auch ein paar Sachen, mit denen man etwas lautere Töne hätte machen können – aber dazu hatte Tommy jetzt gar keine Lust mehr. Nachdem er noch ein paar leise Instrumente ausprobiert hatte, ging er wieder zurück zum Regen-Rohr. Das klang so gut! Ganz leise ließ er es noch einmal „regnen" und rauschen.

Jubelt über den Herrn, alle, die ihr zu ihm gehört, denn Ehre steht ihm zu.

Lobt den Herrn mit dem Klang der Zither und spielt für ihn auf der zehnsaitigen Harfe.

Stimmt ihm zu Ehren neue Lieder an, und spielt die Harfe so gut ihr könnt und mit ganzer Freude.

Psalm 33,1-3

26. Wenn es nach Weihnachten riecht

Louis darf heute mit seinem Papa Plätzchen backen. Mama ist mit Oma zusammen in der Stadt unterwegs, um Geschenke zu kaufen, also haben die beiden Männer die Küche ganz für sich allein.

Louis' Papa tut sehr geheimnisvoll. „Achtung", sagt er, „hier kommen unsere Geheimzutaten!" Alles andere steht nämlich schon auf der Arbeitsfläche bereit: Mehl, Zucker, Eier, Butter und Kakao. Aber Papa hat noch mehr. Mit einem Zwinkern in den Augen stellt er noch einige Gewürze, Rosinen und ein Päckchen Schokotropfen dazu. Nun kann es losgehen. Papa bindet sich eine kunterbunte Küchenschürze um, und auch für Louis findet er eine.

Louis darf zum ersten Mal selbst die Eier aufschlagen. Beim ersten muss ihm Papa noch helfen. Vorsichtig legt er seine großen Hände um Louis' kleine und zeigt ihm, wie er das Ei am Rand der Schüssel aufschlagen und die beiden Schalenhälften auseinanderbrechen kann. Dann versucht es Louis alleine, und tatsächlich – es ist kein bisschen Schale mit in die Teigschüssel gefallen.

Auch beim Abwiegen der anderen Zutaten kann Louis helfen. Nur das Rührgerät, mit dem die Sachen dann vermischt und geknetet werden, das muss Papa festhalten. Es ist noch ein bisschen zu schwer für Louis und außerdem springt es ganz komisch hin und her, wenn man nicht aufpasst. Papa streut in den Teig ganz vorsichtig noch ein kleines bisschen von den Gewürzen und eine ordentliche Menge Schokotropfen. Hm, das riecht gut!

Als alles genug durchgeknetet ist, geht es ans Plätzchenaus-stechen. Mit einer großen Rolle wird der Teig gleichmäßig aus-gerollt. Nicht zu dünn, sonst verbrennen die Plätzchen. Und nicht zu dick, sonst werden sie nicht gar. Papa sagt, diese Rolle heißt „Nudelholz". Dabei besteht sie weder aus Nudeln noch aus Holz – und Louis kann sich eigentlich auch nicht vorstellen, dass irgendjemand mit so einem Ding seine Nudeln plattrollt … Aber wenn die Erwachsenen das so wollen, dann heißt es eben „Nudelholz".

Louis macht ganz vorsichtig aus dem leicht klebrigen Teig viele, viele einzelne Plätzchen. Sterne und Tannenbäume gibt es, auch Herzen, Monde, Engel und Schaukelpferdchen. Dazu ein paar kreisrunde Formen, die er später genau so anmalen will wie Mamas Weihnachtsbaum-Kugeln. Es gibt sogar einen Stern, der aussieht wie der Stern über dem Stall in Bethlehem – mit einem schönen langen Schweif hintendran. Davon macht Louis aber nur einen einzigen. Schließlich gab es damals über dem Stall auch nur einen einzigen solchen Stern!

Hoch konzentriert sticht Louis die einzelnen Plätzchen aus, dann rüttelt er ein klein wenig an den Förmchen, damit man sie besser herauslösen kann. Anschließend werden sie vorsich-tig auf das Backblech gelegt. So konzentriert ist Louis bei seiner Arbeit, dass er gar nicht merkt, wie er sich selber ab und zu et-was Mehl ins Gesicht schmiert, wenn er sich die Haare aus den Augen wischt oder sich an der Nase kratzt.

Papa hat schon mal den Backofen angemacht. Sobald das erste Blech voll ist, kann es auch schon hineingeschoben wer-den.

Langsam breitet sich in der Küche ein wunderbarer Duft aus. Nach frisch gebackenen, warmen Plätzchen, Zimt, Nelken und Schokolade.

„Jetzt riecht es endlich nach Weihnachten!", seufzt Papa zufrieden.

Und Louis findet, dass er damit recht hat.

Deshalb: Iss, trink und sei fröhlich dabei.
Denn Gott gefällt dein Tun seit Langem!

Prediger 9,7

27. Pusteblumen

Sonnenstrahlen dringen durch das dichte Blätterdach und werfen kleine flackernde und tanzende Lichtpunkte auf die grüne Wiese. Mama sitzt auf der Picknickdecke, mit dem Rücken an den Baumstamm gelehnt, und blättert langsam eine Seite in ihrem Buch um. Da kitzelt sie ganz plötzlich etwas an der Nase. Sie blinzelt mit den Augen und dann muss sie niesen. Was war das denn? Auf einmal tanzen nicht nur die Lichtflecken um sie herum, sondern auch viele kleine weiße, plüschige Samen-Schirmchen. Aha! Pusteblumen.

David hat sie ein Stückchen entfernt auf der Wiese entdeckt. Nun macht es ihm einen Riesenspaß, die Samen-Puschel abzupflücken und in kleinen Wölkchen davonschweben zu lassen. Einmal kräftig pusten – und schon begeben sie sich auf die Reise. Langsam und gemütlich schweben sie über die Wiese: Über Gräser und Blumen hinweg, manchmal über kleine Büsche oder über spielende Kinder. Über Mama und ihr Buch und dann am Baum vorbei. Manche fliegen über den Zaun und das dahinter liegende Getreidefeld.

Am liebsten würde David mit ihnen fliegen. Sich vom Wind treiben lassen, auf einem warmen Luftzug ein bisschen herumschaukeln und sich dabei gar nicht anstrengen müssen. Das wäre doch schön!

So ein kleines weißes Schirmchen fliegt auch jetzt gerade wieder an David vorbei. Mal segelt es ein bisschen schneller, wenn gerade etwas Wind aufkommt, mal wird es wieder langsamer. Zwischendurch fliegt es ein bisschen höher, dann wieder senkt es sich langsam Richtung Erde herab. David beschließt, dem puscheligen Schirmchen eine Weile zu folgen. Wie die anderen auch, schwebt es langsam über die Wiese hinweg. Einmal fliegt es über einen kleinen Busch, da muss David drum herumlaufen und anschließend nach seinem Schirmchen Ausschau halten, damit er es nicht aus den Augen verliert.

Aber da ist es noch! David hat es wieder entdeckt und schleicht weiter hinterher. Als vor ihnen ein großer alter Baum auftaucht, ändert das Pusteblumen-Schirmchen seine Richtung – der Wind weht es direkt am Baum vorbei, ohne dass es hängen bleibt.

Einige Schritte weiter beginnt der schmale Feldweg, der sich zwischen Wiese und Getreidefeld entlangschlängelt. Ein Stückchen weit folgt das Schirmchen noch dem ausgetretenen Pfad, dann wird es von einem sanften Windstoß emporgehoben und über den Zaun geweht.

David schaut ihm noch eine ganze Weile hinterher. Er steigt sogar auf die unterste Sprosse des Zauns, um es noch ein bisschen länger sehen zu können. Dann verschwindet es zwischen den Getreidehalmen. Vielleicht wächst dort im nächsten Jahr eine neue Pusteblume, denkt David und schlendert langsam zurück zur Picknickdecke.

So habt euch untereinander beständig lieb
aus reinem Herzen.

Denn ihr seid wiedergeboren nicht aus
vergänglichem, sondern aus unvergänglichem
Samen, nämlich aus dem lebendigen Wort Gottes,
das da bleibt.

1. Petrus 1,22-23

28. Was man so hört ...

Heute geht Opa mit Lea gemeinsam auf Erkundungstour. Sie wollen herausfinden, was man im Haus und drum herum so alles hören kann. Und das ist gar nicht mal so wenig! Lea hat wirklich gute Ohren – bessere als Opa – und sie gibt sich ganz viel Mühe, auch das leiseste Geräusch zu erlauschen.

Im Wohnzimmer knackt leise die Heizung, manchmal gluckert sie auch ein wenig. „Da ist wohl zu viel Luft drin!", meint Opa. An der Wand tickt leise die alte Uhr: Tick-tack, tick-tack, tick-tack. Normalerweise fällt den beiden das Geräusch gar nicht auf, so leise ist es und so sehr haben sie sich schon daran gewöhnt. Aber heute hören sie es, ganz klar und deutlich. Und beruhigend gleichmäßig. Auf dem Sofa sitzt Oma und liest. Immer wenn sie eine Seite umblättert, raschelt es leise.

Im Badezimmer tropft der Wasserhahn – den hat wohl mal wieder jemand nicht richtig zugedreht! Ein bisschen schuldbewusst grinst Lea zu Opa hinauf. Das war wohl sie! Aber Opa lächelt nur, nickt mit dem Kopf und legt den Zeigefinger auf die Lippen. Er wird heute nicht schimpfen und auch niemandem etwas erzählen. Leise dreht Lea den Wasserhahn richtig zu und dann schleichen sie weiter.

Als Opa das Schlafzimmerfenster öffnet, knarrt es ganz leise. Dann können die beiden hören, wie draußen der Wind durch die Bäume weht, und ganz weit entfernt hört man auch das leise Rauschen der Autos auf der Autobahn. Ein paar Vögelchen zwitschern im Garten, jemand hupt in einer Nebenstraße und irgendwo in der Nachbarschaft bellt ein Hund.

Dann hört Lea im Treppenhaus leise Schritte und wie die Tür zum Arbeitszimmer nebenan geöffnet und mit einem Klicken wieder ins Schloss gezogen wird. Da huscht sie in den Flur hinaus und späht durch das Schlüsselloch. Natürlich ist es Oma, die nun an ihrem Schreibtisch sitzt und den Computer einschaltet. Kurz darauf hört Lea das leise Brummen des Computers, und die Tasten klappern, während Oma etwas schreibt.

Opas Schuhe quietschen ein bisschen auf dem Dielenboden, als er hinter Lea herschleicht.

„Komm", flüstert er, „wir wollen Oma lieber nicht stören." Dann nimmt er Lea an die Hand, und die beiden gehen so leise wie möglich über die knarrende Treppe und den Hausflur zurück ins Wohnzimmer.

„Glaubst du, dass man auch die Stille hören kann?", fragt Opa.

Lea ist sich da nicht so sicher.

Im Wohnzimmer läuft das Radio, da wird schon wieder nur geredet. Aber dann schaltet Opa es aus und macht stattdessen eine CD mit Klaviermusik an.

„Wenn du jetzt dein schönes langes Kleid anhättest, könnte man beim Tanzen auch den Stoff rascheln hören", flüstert Opa und dreht Lea einmal im Kreis herum. Die Musik ist sehr schön, und Lea schließt die Augen, um besser zuhören zu können. So lauschen Opa und Lea eine ganze Weile. Dann legt Opa eine andere CD ein. Auf dieser kann man Natur-Geräusche hören: Vogelgezwitscher, zirpende Grillen, das Rauschen der Blätter im Wind und einen leichten Regenschauer.

Nach dem Regen macht Opa die CD wieder aus. Er legt einen Finger an die Lippen: Lea soll noch einmal ganz leise sein. Dann flüstert er, so leise wie es geht:

„Kannst du auch die Stille hören?"

Und der Gerechtigkeit Frucht wird Friede sein, und der Ertrag der Gerechtigkeit wird ewige Stille und Sicherheit sein, dass mein Volk in friedlichen Auen wohnen wird, in sicheren Wohnungen und in stolzer Ruhe.

Jesaja 32,17-18

29. Muschelgeheimnisse

Lissy sitzt am Strand. Eigentlich könnte sie sich freuen: Es ist wunderschönes Wetter, warm und sonnig. Ihre Eltern haben Urlaub, und den verbringen sie gemeinsam am Meer. Wer würde sich da nicht freuen?

Aber Lissy gefällt das gar nicht. Sie fühlt sich einsam, und außerdem ist es furchtbar langweilig hier! Keiner spielt mit ihr, nichts passiert, und ins Wasser darf sie auch nicht alleine! Tja, und die Eltern wollen ihre Mittagsruhe haben ... Lissy stößt einen tiefen Seufzer aus. Wenn doch wenigstens Tante Katrin mitgefahren wäre! Tante Katrin ist Mamas kleine Schwester. Und die hat immer die allertollsten Ideen! Wenn sie zu Besuch kommt, dann ist es für Lissy nie langweilig. Aber Tante Katrin ist leider ganz kurz vor dem Urlaub krank geworden, deshalb konnte sie nicht mitfahren.

Hm ... Lissy lässt den Blick über den Sandstrand vor sich schweifen. Eigentlich ist es gar kein richtiger Sandstrand. Hier gibt es nämlich normalerweise nur Kiesstrände. Überall liegen kleine Steine herum. Manche davon sind ein bisschen spitz, dann tut man sich die Füße weh beim Drüberlaufen. Aber viele Steine sind vom Wasser ganz glatt und rund geschliffen. Und wo das Meer anfängt, sind die Steine glitschig und man muss aufpassen, dass man nicht ausrutscht. Am Anfang fand Lissy das ganz schön eklig! Aber jetzt hat sie sich daran gewöhnt. Nur wollen ihre Eltern eben nie dann ins Wasser, wenn Lissy das gerade möchte.

Ein Stück von Lissy entfernt gibt es einen kleinen Bootssteg. Da kann man sich Ruderboote oder Tretboote ausleihen. Manche Urlaubsgäste haben auch ihre eigenen kleinen Bötchen mitgebracht und hier festgebunden. Auf einmal entdeckt Lissy einen kleinen älteren Mann mit einem riesengroßen Schnurrbart, der ihr fröhlich zuwinkt.

Nanu? Ist das nicht der Mann, der ihren Eltern vor drei Tagen die Schlüssel zu ihrer Ferienwohnung gegeben und ihnen hier alles gezeigt hat? Mama hat gesagt, ihm gehören hier mehrere kleine Häuschen und er verdient Geld damit, dass im Sommer Leute dort wohnen und Urlaub machen. Vorsichtig winkt Lissy zurück.

„Hallo, kleine Dame!", ruft der Mann. „Willst du ein bisschen mit uns aufs Meer fahren?"

Erst jetzt entdeckt Lissy, dass neben dem Mann in einem der Boote ein Junge sitzt. Ob die Eltern ihr wohl erlauben werden mitzufahren? Das wäre bestimmt interessanter, als hier bloß auf dem Handtuch herumzusitzen.

Lissy schaut zu ihren Eltern hinüber. Beide scheinen zu schlafen ... Da schüttelt Lissy ihren Papa ein bisschen an der Schulter:

„Papa? Darf ich mit im Boot fahren? Ja? Bitte-bitte!", flüstert sie.

„Was? Boot?", murmelt Papa ganz verschlafen. „Du kannst doch nicht alleine Boot fahren, Lissy! Viel zu gefährlich! Später, ja?"

„Aber Papa! Doch nicht alleine! Der Mann da ... der Ferienhaus-Mann nimmt mich mit! Ja? Darf ich?"

Nun reibt sich Papa doch die Augen und schaut hinüber zum Bootssteg. Wieder winkt der Mann.

„Ach, so ist das! Na, dann … aber denk an deinen Sonnen-hut!" Nun ist Papa beruhigt. Und vielleicht auch ein bisschen froh, endlich seine Ruhe zu haben.

Lissy zieht sich schnell wie der Wind ihre Sandalen an (zum Glück haben die einen Klettverschluss!), setzt den Sonnenhut auf und läuft zu den Booten.

„Hallo, kleine Dame! Darf ich dir ins Boot helfen?", fragt der Mann.

„Ich heiß' aber nicht ‚kleine Dame' – ich heiß' Lissy!", antwortet Lissy.

„Na gut! Rein mit dir, Lissy!"

Das Boot schaukelt ganz schön beim Einsteigen. Mit einem breiten Grinsen hält sich der Junge, der schon darin sitzt, am Bootsrand fest.

„Ich bin Luca!", sagt er, „Und das da ist mein Opa! Bist du schon mal Boot gefahren?"

Jetzt doch ein bisschen schüchtern, schüttelt Lissy den Kopf.

„Setz dich da drüben hin. Da kannst du am besten sehen!"

Lissy tut, was ihr gesagt wird. Und dann beobachtet sie, wie sich Lucas Opa an die Ruder setzt und anfängt zu rudern. Stück für Stück entfernt sich das Boot vom Ufer, während die Ruder mit einem leisen Plätschern aus dem Wasser auf- und dann wieder hineintauchen.

Als Lissy außen am Boot entlang ins Wasser hinunterspäht, staunt sie nicht schlecht: Das Wasser ist kristallklar, sie kann sogar bis zum Grund sehen! An manchen Stellen wachsen zwischen den Kieselsteinen lustige Pflanzen, und dazwischen huschen lauter kleine Fische umher. „Wie schön!", flüstert sie.

Obwohl das Wasser so klar ist, sieht es irgendwie grün und türkisfarben aus. An der Oberfläche glitzert es. Und wenn man sich noch ein kleines bisschen weiter hinauslehnt, kann man unten den Schatten des Bootes erkennen.

Nun ist es Lissy gar nicht mehr langweilig, obwohl alle im Boot ganz still sind. Sie genießt den Blick über das Wasser und das leise Meeresrauschen. Hier draußen ist es auch ein bisschen kühler als am Strand, und ein leichter Wind weht ihr um die Nase.

Neben Lissy scheint Luca nun in einer kleinen Kiste nach etwas zu suchen. Neugierig schaut Lissy ihm über die Schulter – da hat er auch schon gefunden, wonach er suchte. Luca hält ihr eine große, braun-weiße Muschel entgegen. Sie ist ein bisschen gedreht und sehr hübsch.

„Halt sie mal an dein Ohr! Mit der Öffnung – so!" Luca zeigt ihr, wie er das meint und drückt ihr dann die Muschel in die Hand. Vorsichtig hält Lissy sie an ihr eigenes Ohr. Und dann hört sie es – in der Muschel rauscht es! Mal leiser, mal lauter. Ein ganz sanfter, wunderschöner Ton. So, als ob man in der Muschel das Meer hören könnte, über das sie gerade fahren und in dem die Muschel früher mal gelebt hat.

„Mein Opa sagt immer, man kann hören, wo die Muschel herkommt", meint Luca. „Wenn man der Muschel lauscht, dann hört man das Meer …"

„… und wenn man Kinder lachen hört, dann hört man den Himmel!", ergänzt der Opa mit einem Lächeln. Da muss auch Lissy lächeln. Irgendwie gefällt ihr das!

So was Ähnliches sagt Tante Katrin auch manchmal: „Kinder sind ein Geschenk von Gott!" – das steht sogar in der Bibel! Anscheinend sind Kinder für Gott wirklich etwas besonders Wertvolles.

Lissy will unbedingt gleich morgen am Strand nach so einer Muschel suchen, in der man das Meer hören kann. Die kann sie dann zuhause Tante Katrin zeigen und ihr erzählen, was Luca und sein Opa ihr gerade beigebracht haben.

Aber jetzt lehnt sie sich erst mal gemütlich im Boot zurück und genießt das leichte Schaukeln der Wellen, die warme Sonne auf ihrem Gesicht und das Plätschern und Rauschen des Meeres.

Kinder sind ein Geschenk des Herrn, sie sind ein Lohn aus seiner Hand.

Psalm 127,3

Gott hat alles wunderbar gemacht

30. Kleine Schnuppe

Ben und Sophie machen mit ihren Eltern Urlaub auf einem Bauernhof. Das ist ganz schön spannend, denn hier gibt es eine Menge zu entdecken! Heute Nacht ist sogar ein neues Kälbchen geboren worden. Natürlich wollen Ben und Sophie es sofort sehen – am besten noch vor dem Frühstück!

Aber das geht leider nicht. Das Kälbchen und seine Mama sind nämlich von der anstrengenden Geburt noch ganz erschöpft und brauchen erst einmal etwas Ruhe und Zeit für sich. Später am Tag dürfen die Kinder dann in den Stall und die beiden „besuchen". Bis dahin vertreiben sie sich die Zeit mit ein paar Spielen und einem langen Spaziergang mit den Eltern.

Als sie wieder zurückkommen, ist es endlich so weit: Nun dürfen sie, gemeinsam mit dem Bauern Tom, in den Stall gehen.

Jetzt müssen sie aber ganz, ganz leise sein! Das Kälbchen ist an so viele Menschen ja noch gar nicht gewöhnt, also muss man ein bisschen aufpassen, um es nicht zu erschrecken. Ganz hinten im Stall haben „Mutter und Kind" ihre eigene Box, einen abgetrennten Bereich nur für sich. Sophie muss auf einen kleinen Holzschemel klettern, um über die Holzwand schauen zu können, und Ben stellt sich auf die Zehenspitzen. Da liegt das kleine Wesen, zwischen den Beinen seiner Mutter, halb im Stroh versteckt. Mit großen, runden Augen betrachtet es die Welt um sich herum.

„Schaut mal, es hat einen kleinen weißen Fleck auf der Stirn – fast wie eine Sternschnuppe", flüstert Tom. „Ich glaube, wir nennen sie ‚Schnuppe'!"

Bis auf den weißen Fleck ist das ganze Kälbchen dunkelbraun und noch ein wenig zottelig. Neben seiner Mutter sieht es geradezu winzig aus. Aber so süß, dass Sophie es am liebsten gleich in den Arm nehmen würde! Auch Ben staunt über dieses kleine, niedliche Fellknäuel.

Jetzt versucht die Kleine aufzustehen. Das ist gar nicht so einfach mit den langen, dünnen Beinchen. Aber schließlich hat sie es geschafft und stakst ein wenig unbeholfen und wackelig im Stroh umher. Sie schnuppert mal hier und mal dort und erkundet die Gegend um sich herum. Die Mutter beobachtet sie dabei wachsam. Lilly ist eine gute Mutter-Kuh und hat schon viele Kälbchen gehabt. Nach einer Weile geht sie auf die kleine Schnuppe zu und stupst sie sanft mit ihrer Nase an. Vorsichtig schiebt sie die Kleine in Richtung Euter. Denn kleine Kälbchen müssen unbedingt viel Milch trinken, damit sie groß und stark werden! Anscheinend versteht Schnuppe das auch. Sie sucht ein bisschen mit ihrem kleinen Schnäuzchen, bis sie Lillys Euter gefunden hat, und beginnt dann gierig zu trinken. Ab und zu schmatzt sie dabei leise und zufrieden vor sich hin. Auch Lilly sieht sehr zufrieden aus. Ob sie wohl stolz ist auf ihre kleine Tochter?

Als Schnuppe endlich satt ist, dreht sie sich zu ihrer Mutter um und reibt ihr Köpfchen an deren Beinen. Die Mutter leckt ihr liebevoll über das zottelige Fell. Dann aber muss Schnuppe gähnen. Ganz weit reißt sie das Mäulchen auf. Dieser erste Tag in ihrem Leben scheint für sie tatsächlich ziemlich anstrengend gewesen zu sein! Noch einmal reibt sie das Köpfchen an der Mutter. Dann sucht sie sich einen guten Ort zum Schlafen. Wie schon vorhin bleibt sie ganz dicht bei Lilly. Dann knicken die kleinen Beine ein und Schnuppe landet im Stroh, zwischen den großen Beinen ihrer Mutter. Wieder ein langes Gähnen, und dann rollt sie sich ganz eng zusammen, legt das Köpfchen auf die Beine und schließt die großen, müden Augen. Bald ist sie tief und fest eingeschlafen. Wovon sie wohl träumt?

Mit einem leisen Schnauben schaut Lilly die „Zuschauer" an der Stallwand an, als wollte sie sagen: „So – jetzt brauchen wir unsere Ruhe! Kommt morgen wieder!"

Tom hebt Sophie von ihrem Holzschemel herunter, legt Ben einen Arm um die Schultern und schiebt die Kinder sanft aus dem Stall.

Du hast alles in mir geschaffen und hast mich im Leib meiner Mutter geformt. Ich danke dir, dass du mich so herrlich und ausgezeichnet gemacht hast! Wunderbar sind deine Werke, das weiß ich wohl. Du hast zugesehen, wie ich im Verborgenen gestaltet wurde, wie ich gebildet wurde im Dunkel des Mutterleibes. Du hast mich gesehen, bevor ich geboren war. Jeder Tag meines Lebens war in deinem Buch geschrieben. Jeder Augenblick stand fest, noch bevor der erste Tag begann.

Psalm 139,13-16

31. Carolines Berg

Caroline sitzt am Tisch und malt. Einen großen Berg malt sie. Den hat sie heute mit Oma und Opa bestiegen. Sehr hoch ist der Berg, und grün und ein bisschen braun und grau. Unten gibt es noch Bäume. Aber je höher Caroline und die Großeltern gestiegen sind, umso niedriger wurden die Bäume und die Büsche. Ganz oben gibt es nur noch kurzes Gras und Moos und viele, viele Steine.

Zwischen den Büschen, Bäumen und Felsen zeichnet Caroline den Weg ein, den sie gegangen sind. Immer hin und her, im Zickzack den Berg hinauf. Wenn man nämlich schnurstracks geradeaus gehen würde, wäre der Weg viel zu steil und schwierig. Also läuft man immer ein bisschen schräg am Berghang entlang, da, wo es gerade am besten geht. Trotzdem ist das gar nicht so einfach. Manchmal musste Caroline auf die Großeltern warten. Und als sie oben ankamen, waren alle drei ziemlich erschöpft und brauchten erst mal eine Pause.

Caroline malt auch ein paar weiße und braune Flecken an den Berg. Das sind die Schafe, die dort frei herumgelaufen sind. Ein paar davon konnte sie sogar streicheln. Die hatten ein ganz zotteliges Fell, weil sie Tag und Nacht draußen sind. Bei manchen hingen kleine Ästchen oder Blätter darin. Aber trotzdem war es auch weich und kuschelig. Mit so viel warmem Fell müssen die Schafe nachts bestimmt nicht frieren.

Auf dem Bild kann man sie leider nicht so gut erkennen, weil das Blatt Papier viel zu klein ist und Caroline sie deshalb nur winzig klein einzeichnen kann. Sie malt noch ein paar Büsche mehr, von denen die Schafe saftige grüne Blätter abrupfen können. Komisch – in der Buntstifte-Kiste gibt es gar nicht so viele verschiedene Grüntöne, wie Caroline auf dem Berg gesehen hat …

Als sie mit ihren Büschen schließlich zufrieden ist und dazwischen auch noch ein paar hübsche Blümchen leuchten, sucht sie sich ihren allerschönsten himmelblauen Buntstift heraus. Denn nun kommt das Beste.

Langsam und gleichmäßig malt Caroline über dem Berg einen strahlend blauen Himmel. Die Sonne leuchtet hell, und an ein paar kleinen Stellen bleibt das Blatt weiß – kleine Wölkchen, die hoch oben über dem Berg am Himmel schweben. Mit dunkelbraunen und schwarzen Stiften geht es ganz vorsichtig weiter: Zwei Vögel gleiten unter den Wolken dahin. Caroline ist sich nicht sicher, ob es wohl Adler waren … aber jedenfalls waren sie sehr groß. Und wunderschön. Irgendwie hatte das etwas ganz Besonderes, wie sie mit ihren großen, starken Flügeln dahinglitten. „Majestätisch", hat Oma geflüstert. Ganz selten nur mussten sie ihre Flügel bewegen. Die meiste Zeit schwebten sie fast reglos auf dem Wind um die Bergspitze herum.

Fliegen zu können muss toll sein! So wie ein Adler die Flügel ganz weit ausbreiten und sich in die Lüfte schwingen. Den Wind spüren, der einen trägt. Überall hinfliegen zu können und die ganze Welt von oben zu betrachten. Caroline stellt sich das sehr schön vor – eine Weile träumt sie so vor sich hin. Dann schaut sie wieder auf ihr Bild.

Als würden sie niemals müde werden, schienen die Adler von da oben den ganzen Berg und die Umgebung zu beobachten.

„So wie Gott", denkt Caroline still für sich. „Der beobachtet auch alles, was auf der Erde so vor sich geht."

Unser Herr ist groß und seine Macht ist gewaltig!
Seine Erkenntnis übersteigt alles,
was wir begreifen können!

Psalm 147,5

32. Große und kleine Reitstunden

Leon darf seit ungefähr einem Jahr auf dem Ponyhof in der Nähe Reitstunden nehmen. Einmal in der Woche fährt Mama mit ihm dorthin. Meistens kommt auch seine kleine Schwester Mia mit. Natürlich würde Mia am liebsten auch schon reiten gehen. Sie bewundert ihren großen Bruder heimlich ein bisschen dafür, dass er sich so nah an die großen Tiere herantraut und dass „sein" Pony Flocke fast immer tut, was er will.

Wenn sie auf dem Ponyhof ankommen, geht Leon als Erstes in die Sattelkammer und holt Flockes Halfter. Meistens läuft Mia ihm hinterher und beobachtet ihn dabei. Sie weiß schon ganz genau, welches Flockes Halfter ist: das gelbe, das ganz hinten in der Reihe hängt.

Auf die Weide darf Mia aber nicht mit. Dafür ist sie noch zu klein, sagt Leon … Und wenn sie ganz ehrlich ist, hat Mia auch selber ein bisschen Angst davor, von einem der großen Ponys umgeschubst zu werden. Also schaut sie vom Zaun aus zu, wie Leon zu Flocke geht, ihr das Halfter über den Kopf streift und sie dann zum Zaun bringt. Dort bindet er sie neben den anderen Ponys an und putzt ihr dichtes, braun-weiß geflecktes Fell. Das scheint sie sehr zu genießen. Während Leon mit gleichmäßigen Bewegungen über ihr Fell bürstet, schließt Flocke nämlich meistens genießerisch ihre schönen Augen. Manchmal streckt sie aber auch den Kopf über den Zaun und schnuppert an Mias Jacke. Mia muss immer ein bisschen lachen, wenn das Pony das tut – bestimmt sucht es in ihren Taschen nach irgendwelchen Leckerchen! Sanft prustet Flocke durch ihre weichen

Nüstern – so heißen die Nasenlöcher bei Pferden. Die großen braunen Augen schauen Mia neugierig an.

Wenn Leon mit dem Putzen fertig ist, bekommt Flocke erst mal ein Leckerchen, weil sie so lieb war. Meistens gibt Leon es ihr selbst, aber manchmal legt er es auch Mia in die flache Hand. Sie muss die Finger ganz ausgestreckt lassen, damit Flocke das Leckerli mit ihren weichen Lippen nehmen kann. Ganz vorsichtig ist das Pony dabei.

Während der Reitstunde gehen Mama und Mia in das kleine Reiter-Café über der Reithalle. In der hinteren Wand des Cafés gibt es ein riesengroßes Fenster, durch das man in die Reithalle hinunterschauen kann. So können die beiden Leon beim Reiten beobachten und gleichzeitig jeder ein großes Glas Limonade trinken. Unten in der Halle müssen sich Leon und Flocke währenddessen ganz schön anstrengen – im Schritt, Trab und Galopp geht es durch die Halle.

Nach der Reitstunde nimmt Leon den schweren Sattel von Flockes Rücken und reitet noch einige Minuten langsam im Schritt ohne Sattel – damit Flockes verschwitzter Rücken trocknen kann und sie sich nicht erkältet (zumindest hat Leon es Mia so erklärt). Mama geht dann mit Mia zur Reitbahn hinunter und bleibt eine Weile in einer der Ecken stehen. Wenn Leon gute Laune hat, dann kommt er mit Flocke bei den beiden vorbei, und Mama darf Mia vor Leon auf Flockes Rücken setzen. Leon legt seine Arme fest um seine kleine Schwester und hält die Zügel nun dicht vor ihrem Bauch, sodass sie nicht herunterfallen kann. Sicherheitshalber hält sich Mia aber auch noch mit beiden Händen in Flockes Mähne fest. So geht es im Schritt rund um den Reitplatz herum.

Mia gefällt es sehr, wie der Pferderücken sich unter ihr bewegt und Flockes Kopf vor ihr im gleichen Rhythmus sanft auf und ab wippt. Ganz gemütlich und langsam schlendert das Pony umher und schaut sich in der Reithalle um. Ab und zu schnaubt es ein bisschen oder schüttelt seinen Kopf. Mia lehnt sich mit dem Rücken an ihren großen Bruder und genießt ihre eigene kleine „Reitstunde". Und wenn sie ganz mutig ist, dann lässt sie mit einer Hand die Ponymähne los und winkt ihrer Mutter zu, die immer noch am Rand steht und ihren Kindern zuschaut.

So gebe ich euch nun ein neues Gebot: Liebt
einander. So wie ich euch geliebt habe,
sollt auch ihr einander lieben.

Johannes 13,34

33. Gott macht dich wieder froh

Sara besucht heute ihre Freundin Ina. Das haben sie schon gestern verabredet. Aber als Sara ankommt, ist Ina gerade furchtbar traurig. Mit Tränen in den Augen und fest zusammengepressten Lippen sitzt sie auf der Treppe. Die Arme hat sie um ihre Beine geschlungen und das Kinn auf die Knie gestützt. Als Sara ankommt, zieht Ina nur schniefend die Nase hoch und schaut ihrer Freundin traurig entgegen. Natürlich macht sich Sara erst mal ziemliche Sorgen!

„Ina, was ist denn los?", ruft sie und läuft auf die Freundin zu. „Hast du dir wehgetan?"

Stumm schüttelt Ina den Kopf. Dann kullert eine dicke Träne über ihre Wange. Sara nimmt Ina fest in den Arm. Und schließlich schafft es Ina zu erzählen, was mit ihr los ist.

Den ganzen Sommer über hat sie sich schon darauf gefreut, ihre Oma zu besuchen. Die wohnt nämlich ziemlich weit weg. Ina kann sie nur sehen, wenn die Familie im Urlaub hinfährt – oder manchmal auch, wenn Oma zu Besuch zu ihnen kommt. Aber jetzt hat sich Oma ein Bein gebrochen. Gestern ist es passiert und heute Morgen hat sie angerufen. Sie muss noch für eine Weile im Krankenhaus bleiben, schließlich ist sie nicht mehr die Jüngste. Jetzt wird es nichts mit dem Besuch, und Ina muss bis zum nächsten Urlaub warten, bis sie ihre Oma wieder sehen kann …

Sara kann gut verstehen, dass Ina deswegen traurig ist. Das wäre sie selber sicherlich auch. Mit einem Mal fällt ihr auf, wie gut sie es eigentlich hat – dass ihre Oma in derselben Stadt wohnt wie sie und immer erreichbar ist. Und wenn Oma mal ins Krankenhaus müsste, dann könnte Sara sie dort besuchen.

„Ach, Ina", seufzt sie nun, „wie blöd für dich und deine Oma!" Ina nickt. Und dann sagt Sara das, was ihre eigene Oma immer sagt, wenn sie selbst traurig ist:

„Warte nur ein bisschen. Gott macht dich bald wieder froh!" Ina kann sich das nicht so richtig vorstellen, deshalb antwortet sie darauf nichts. Aber es tut ihr doch gut, dass ihre Freundin sie versteht und mit ihr traurig ist.

Etwas später am Nachmittag kommt Inas Mama ins Kinderzimmer. Sie hat gerade noch einmal mit Inas Oma telefoniert. Gemeinsam haben sie sich etwas ausgedacht: Weil aus den gemeinsamen Herbstferien nun nichts wird, kommt Oma über Weihnachten zu Besuch. Und dann nimmt sie sich ganz viel Zeit für Ina – zum Plätzchenbacken, Weihnachtsbaumschmücken und Geschenkekaufen. Oder Geschenkebasteln.

Bis Weihnachten dauert es zwar auch noch eine ganze Weile, aber trotzdem freut sich Ina über diese Neuigkeit. Weihnachten mit Oma wird bestimmt ganz besonders schön! Sara hatte anscheinend doch recht! Um das zu feiern, ziehen die beiden Inas Puppen die schönsten Kleider an, backen in der Puppenküche eine riesige Torte mit Zuckerguss und feiern ein wunderbares Puppenfest.

Als Ina abends im Bett liegt, denkt sie noch ein bisschen über diesen Tag nach. Erst war sie so traurig und dann doch wieder so froh. Jetzt hat sie etwas, worauf sie sich wirklich freuen kann. Als ihre Mama kommt, um ihr einen Gute-Nacht-Kuss zu geben, muss Ina ihr das erzählen:

„Mama, Sara hat gesagt, Gott macht mich wieder fröhlich. Und das hat er wirklich gemacht – mit dir und Oma zusammen."

Dann schließt sie die Augen und kuschelt sich in ihr Kissen, um schon mal ein bisschen von der Weihnachtszeit mit Oma zu träumen.

Du hast meine Trauer in einen Tanz
voller Freude verwandelt.

Psalm 30,12

34. Warum hat Gott Giraffen gemacht?

„Guck mal, Papa, was macht denn die Giraffe da?"

Papa dreht sich um und folgt mit dem Blick Jonas' ausgestrecktem Zeigefinger. Hinter einem tiefen Graben befindet sich das Giraffen-Gehege und mittendrin ein kleiner Teich mit Wasser. Eine der erwachsenen Giraffen schaut sich gerade vorsichtig um. Dann bewegt sie langsam, Stück für Stück, die Vorderbeine auseinander. Noch ein Schritt – und noch ein Schrittchen – dann senkt sie den hübschen Kopf auf dem langen Hals zum Wasser hinunter.

„Die hat wohl Durst und will etwas von dem kühlen Wasser trinken", meint Papa, „es ist ja auch ziemlich heiß heute!"

Von Jonas hört er als Antwort nur ein glucksendes Lachen. „Aber ... aber ... hihi ... das sieht so lustig aus!" Jonas muss erst einmal tief durchatmen. „Papa! Warum macht die das denn so komisch? Mit den langen Beinen ...!" Mit seinen eigenen, kurzen Beinen versucht er es nachzumachen. Da muss auch Papa lachen. Es sieht wirklich zu seltsam aus!

Den ganzen Tag haben die beiden schon damit verbracht, interessante, schöne und lustige Tiere zu bestaunen. Immer wieder gab es etwas zu entdecken. Nilpferde, die schnaubend und prustend aus dem Wasser auftauchen und dabei alles nass spritzen. Elefanten, die mit ihren langen Rüsseln ganz vorsichtig Obst und Gemüse aus den Händen der Tierpfleger nehmen. Affen, die sich gekonnt von einem Ast zum anderen schwingen und dabei ganz wilde Rufe von sich geben.

Im Vogelhaus gibt es eine kleine Brutstation. Dort liegen viele verschiedene kleinere und größere Eier unter einer wärmenden

Lampe. Manche sind ganz weiß oder braun, wie die Hühnereier beim Frühstück. Aber manche sind auch eher grünlich oder haben kleine dunkle Flecken. Und einige haben auch schon Risse, weil die kleinen Küken die Schale von innen durchstoßen haben, um endlich mühsam herauszuschlüpfen. Ein frisch geschlüpftes Küken taumelte schon hinter der Glasscheibe herum – anscheinend musste es das Laufen auch erst einmal lernen.

Und nun sind die beiden also bei den Giraffen angekommen. So lustig sie beim Trinken auch aussehen, Jonas findet sie trotzdem schön. Eigentlich findet er alle Tiere schön.

„Papa, warum hat Gott die Giraffen gemacht?", fragt er nun.

Darauf weiß Papa, der sonst immer alles weiß, allerdings auch keine Antwort. „Warum? ... Hm ... Vielleicht, weil er sie eben schön findet?"

„Ich glaube, Gott hat ganz, ganz, ganz viele Ideen!", erklärt Jonas. „Er hört gar nicht auf, tolle Ideen zu haben. Und weil er Gott ist, sind alle seine Ideen gut. Und weil seine Ideen gut sind, muss er das dann auch machen, was er sich ausgedacht hat."

Das findet Papa einleuchtend.

„Du, Papa, ... vielleicht muss Gott auch immer ein bisschen lachen, wenn er seine liebe Giraffe sieht! So wie ich immer, wenn du dich rasierst und das Gesicht dabei so komisch verziehst!" Dabei zieht Jonas den Mund ganz schief, guckt Papa fröhlich von unten an und muss gleich wieder grinsen. Wie gut, dass Gott so viele lustige Sachen gemacht hat. Denn Lachen tut doch wirklich gut!

Natürlich gibt es im Zoo noch sehr viel mehr zu entdecken. Papa und Jonas machen sich wieder auf den Weg, um auch die restlichen Tiergehege zu besuchen. Eine ganze Weile stehen sie vor den Käfigen der Großkatzen. Panther und Leopard scheinen sich für die Besucher nicht besonders zu interessieren … Der eine wandert rastlos von einem Ende des Käfigs zum anderen. Und der andere liegt träge auf einem dicken Baumstamm und zuckt nur ab und zu einmal kurz mit der Schwanzspitze.

Ganz zum Schluss möchte Jonas noch einmal zurück ins Vogelhaus zur Brutstation. Dort haben inzwischen noch ein oder zwei weitere Eier erste Risse bekommen. Und das frisch geschlüpfte kleine Küken liegt müde zusammengekuschelt in einer Ecke und schläft. Der erste Tag außerhalb der Eierschale war wohl sehr anstrengend.

Auch Jonas muss zugeben, dass so ein Tag im Zoo mit all den vielen Entdeckungen einen ganz schön schläfrig machen kann. Wie gut, dass Papa so stark ist und ihn zum Auto zurück ein Stückchen tragen kann!

Und Gott sprach: »Die Erde soll alle Arten von Tieren hervorbringen – Vieh, Kriechtiere und wilde Tiere.« Und so geschah es. Danach betrachtete Gott alles, was er geschaffen hatte. Und er sah, dass es sehr gut war.

1. Mose 1,24.31

35. Was die Wolken erzählen

Lena liegt auf ihrer Lieblingslichtung im Wald, auf weichem Moos und Gras, und schaut zum Himmel hinauf. Heute ist er herrlich blau, die Sonne scheint warm herab und einige weiße Watte-Wölkchen ziehen darüber hinweg. Manchmal sehen sie aus wie Dinge oder Tiere, die Lena kennt. Ein kleines Häschen, ein Haus, ein Krokodil und ein kleines Hundebaby. Manchmal haben sie aber auch unbekannte, schöne Formen.

Ganz langsam treiben sie auf dem Himmelsblau dahin, ein bisschen wie große Schiffe auf dem Meer ... Wo sie wohl herkommen? Vielleicht haben sie schon einen sehr, sehr weiten Weg hinter sich. Vielleicht kommen sie aus China oder aus Australien. Oder aus Frankreich – da wohnt Lenas Tante. Wer weiß, was die Wolken unterwegs schon alles gesehen haben! Kängurus, Koala-Bären, Tiger, ... Dschungel und Wüsten und Berge ...

„Ob sie mich hier unten auf meiner Lichtung genauso beobachten, wie ich sie da oben betrachte?“, fragt sich Lena. Es könnte ja sein, dass die Wolken auf ihrer Reise um die Welt alles ganz genau anschauen. Wenn sie einen Mund zum Reden hätten, würden sie sich bestimmt darüber unterhalten. Oder vielleicht würden sie Gott erzählen, was sie unterwegs gesehen haben. Sie würden staunen und sich freuen – oder manchmal vielleicht auch traurig sein – und Gott würde lächeln, während er ihnen zuhört, weil er das natürlich alles schon weiß.

Lena versucht sich vorzustellen, was die kleine weiße Wolke, die gerade hinter einem Baumwipfel auftaucht, zu erzählen haben könnte. Sie ist bestimmt noch nicht sehr lange unterwegs – schließlich ist sie ja noch ganz klein. Vielleicht kommt sie tatsächlich aus Frankreich. Wenn sie dort bei Lenas Tante vorbeigekommen ist, hat sie bestimmt den wunderschönen großen Garten hinter dem Haus gesehen, mit den alten Apfelbäumen, an denen so schöne rote Äpfel wachsen. Vielleicht konnte sie sogar Lenas Cousins und Cousinen beim Spielen zusehen.

Dann ist die kleine Wolke über eine große Stadt hinweggeflogen. In der Stadt gibt es riesengroße Häuser, ganz viele Geschäfte, jede Menge Autos und viele Menschen. Hinter der Stadt ist ein Wald mit großen grünen Bäumen. In den Bäumen leben Vögel und Eichhörnchen, kleine Käfer und süße Haselmäuse. Ob die Wolke von da oben die kleinen Käfer überhaupt erkennen kann? Es gibt so viele verschiedene davon! Rote Marienkäfer mit kleinen schwarzen Punkten, braune Maikäfer, kleine grün schillernde Käfer, deren Namen Lena nicht kennt. Und die Wolke wahrscheinlich auch nicht – nur Gott, der weiß es bestimmt.

Hinter dem Wald wird das Land ganz hügelig und dann tauchen die ersten Berge auf. Da muss die Wolke natürlich aufpassen, dass sie nicht an einer Bergspitze hängen bleibt! Aber vielleicht sieht sie unterwegs ein paar Murmeltiere oder einen Steinbock. Falls die dort in den Bergen leben – Lena ist sich da nicht ganz sicher.

Möglicherweise hat die Wolke unterwegs auch ein bisschen geregnet und damit ein paar Leute geärgert. Oder die Blumen in einem hübschen Garten gegossen. Diese Idee findet Lena schön – dass die Wolke unterwegs die Blumen in den Gärten betrachtet und vielleicht gesehen hat, dass sie gerade Wasser brauchen. Oder ob Gott ihr das vorher gesagt hat? Es könnte ja auch sein, dass das ihre Aufgabe war: Unterwegs an einer ganz bestimmten Stelle für Regen zu sorgen, um die Blumen zu gießen.

Aber jetzt sieht die Wolke nicht nach Regen aus. Sie ist ganz weiß und bauschig.

„Gute Reise, kleine Wolke!", flüstert Lena. Bestimmt hat sie noch einen weiten Weg vor sich!

Und wären wir hoch über dem Himmel oder
befänden uns in den tiefsten Tiefen des Ozeans,
nichts und niemand in der ganzen Schöpfung kann
uns von der Liebe Gottes trennen, die in Christus
Jesus, unserem Herrn, erschienen ist.

Römer 8,39

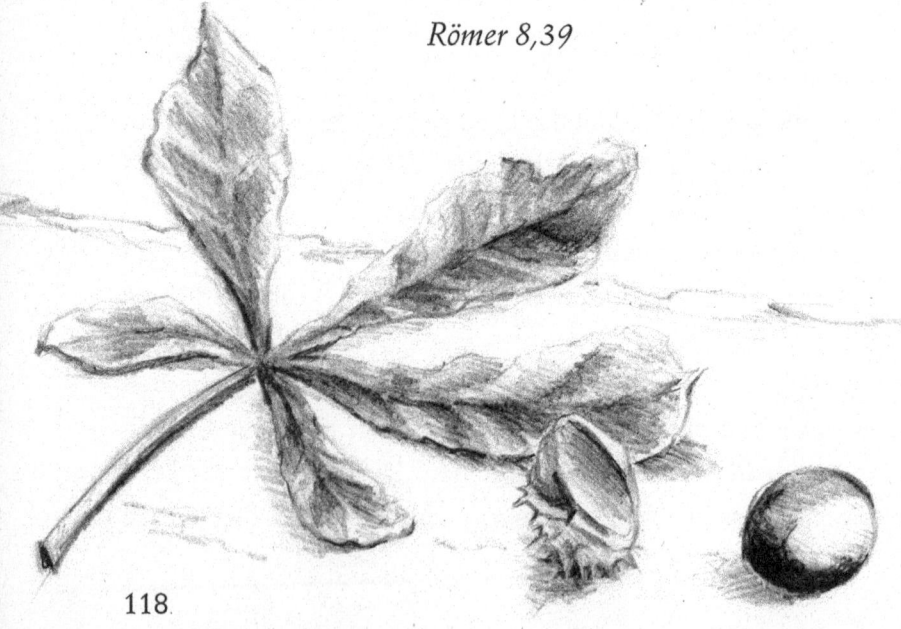

Geliebt und geborgen

36. Nach der Kissenschlacht

Viele, viele Jahre ist es her, da gab es einen kleinen Prinzen mit dem Namen Mo. Er wohnte in einem wunderschönen, riesengroßen Schloss, wie kleine Prinzen das nun einmal so tun. Mo liebte Kissenschlachten über alles. Und weil er ein Prinz war, hatte er natürlich ganz besonders viele schöne, bunte, flauschige Kissen – alle genau in der richtigen Größe zum Werfen! Manchmal, wenn niemand mit ihm spielen wollte, dann machte er seine Kissenschlachten eben alleine. Mitten in seinem großen, gemütlichen Bett warf er die Kissen in alle möglichen Richtungen. Manchmal prallte sogar eines gegen die Zimmerdecke und fiel dann wieder auf Mo herab.

Aber dann war es passiert: Eines der Kissen bekam einen Riss! Tausende weißer Federn fielen heraus, flogen um Mo herum und segelten langsam zu Boden. Was würden wohl die Eltern dazu sagen? Der König und die Königin mochten es nämlich gar nicht, wenn Mo ihren Dienern unnötige Arbeit machte. Und nun lagen überall die weichen weißen Federn herum! Wie eine Schnee-Landschaft sah sein Zimmer aus.

Mo stieg von seinem Bett herunter. Vielleicht konnte er die Unordnung vor seinen Eltern verstecken? Vorsichtig nahm er eine Handvoll Federn und schob sie unter sein Bett. Und noch eine und noch eine.

Doch immer schön langsam! Wenn er nicht aufpasste, dann flogen die Federn wieder in die Luft und verteilten sich anderswohin. So leicht waren sie, dass sie beim leisesten Luftzug davonschweben konnten.

Mo nahm eine von den schönen, weichen Federn auf seine Hand. Sie sah aus, als hätte sie tausende kleine weiße Härchen! Schön fühlte sich das an, mit dem Finger ganz sanft darüberzustreichen. Mo spitzte die Lippen und pustete leicht – so leicht wie nur möglich – gegen die Feder in seiner Hand. Erst bewegten sich nur die kleinen Härchen und flatterten ein wenig im Luftzug. Mo blies ein kleines bisschen fester – und die Feder bewegte sich zu seinen Fingerspitzen hin. Noch ein bisschen fester – und nun erhob sich die Feder ganz in die Luft. Sie bewegte sich langsam von Mo weg und auf das offene Fenster zu. Also ob sie auf Mo wartete, blieb sie einen Moment zwischen den Vorhängen in der Luft hängen und segelte dann hindurch und in den Garten hinaus.

Mo konnte gar nicht anders, er kletterte auf das Fensterbrett, das glücklicherweise nicht sehr hoch war, und schlüpfte ebenfalls hinaus auf die Terrasse. Die kleine Feder drehte sich ein paar Mal in einem Luftwirbel und flog dann weiter in Richtung des Kräutergartens. Hoch am Himmel stand schon der Mond und ein paar Wolken zogen vorbei, während Mo seiner Feder folgte. Leise knirschte der Kies unter seinen Füßen, als er über die Gartenwege lief. Ein neuer Windhauch ließ die Feder wieder höher fliegen, und sie segelte knapp an einem Busch mit vielen kleinen lilafarbenen Blüten vorbei. Wie das hier duftete!

Mo blieb einen Augenblick stehen und schloss die Augen, um die vielen verschiedenen Gerüche zu genießen. Wenn er sich ein bisschen nach rechts drehte, konnte er den Lavendel riechen. Auf der anderen Seite roch irgendetwas sehr süß. Als Mo seine Augen wieder öffnete, um zu sehen, wo seine Feder inzwischen hingeflogen war, konnte er sie nirgends mehr entdecken. Dafür merkte er, dass er inzwischen bei einer der vielen hübschen Bänke angekommen war, die überall im Garten verteilt herumstanden. Er kletterte hinauf, um einen besseren Überblick zu haben, aber die kleine Feder fand er trotzdem nicht. Stattdessen fiel sein Blick auf den Mond, der rund und schön über ihm am Himmel stand, und auf die vielen, vielen Sterne darum herum. Die letzten Wolken hatten sich verzogen, und jetzt leuchtete und funkelte über Mo der allerschönste Sternenhimmel!

„Na, Mo, bewunderst du auch den wunderschönen Sternenhimmel?", erklang da hinter Mo die ruhige tiefe Stimme seines Vaters. Mit einem sanften Lächeln im Gesicht setzte er sich neben Mo auf die Gartenbank und legte seinem Sohn einen Arm um die Schultern. Mo kuschelte sich ganz eng an den König heran.

„Sie funkeln so schön!"

Eine Weile saßen die beiden still nebeneinander und schauten zum Himmel hinauf. Dann sagte der König:

„Weißt du, Mo, immer wenn ich so zu den Sternen hinaufschaue, macht es mich ganz ruhig und zufrieden. Es ist, als würde jeder einzelne Stern zu mir sagen: ‚Sei nur ganz ruhig und sicher! Gott schläft nicht, er hat dich lieb und er gibt auf dich acht!' Der Himmel erzählt davon, wie groß Gott ist, und er zeigt, dass Gott wunderbare Dinge tut. Ein Tag berichtet es dem anderen, und eine Nacht teilt es der anderen mit. Ohne Sprache und ohne Worte, lautlos und still ist ihre Stimme, aber ihre Botschaft breitet sich aus über die ganze Erde und die ganze Welt kann es hören und sehen."

In Papas Armen war es so gemütlich und warm. Da fühlte sich Mo sicher und geborgen. Und nach einer Weile fielen ihm wie von selber die Augen zu.

Der Vater hielt seinen Sohn noch eine ganze Weile fest im Arm. Ab und zu streichelte er ihm sanft über die Haare, die sich fast genauso weich anfühlten wie Mos kleine Feder. Mit einem Lächeln hob der König die Feder vom Boden auf, wo sie direkt vor seinen Füßen gelandet war. Dann nahm er seinen Sohn vorsichtig auf die Arme, um ihn nicht wieder zu wecken, und trug ihn zurück in sein Bett.

Meine Hilfe kommt vom Herrn, der Himmel und Erde gemacht hat. Er wird nicht zulassen, dass du stolperst und fällst; der dich behütet, schläft nicht.

Psalm 121,2-3

37. Teddy

Teddy sitzt am Waldrand unter einem Brombeerbusch. Eigentlich gehört er hier gar nicht hin … Sein Zuhause ist normalerweise ein gemütliches, kuscheliges Kinderzimmer. Da sitzt oder liegt er meistens in Louis' Kinderbett, beobachtet Louis und die anderen Kinder beim Spielen oder lässt sich von ihnen beim Einschlafen drücken und knuddeln.

Heute aber ist es anders. Die Kinder haben ihn zum Spielen mit nach draußen genommen, auf die schöne Wiese am Waldrand. Nach einer Weile fanden sie aber wohl den kleinen Bach interessanter als ihren lieben alten Teddy, und so haben sie ihn hier sitzen lassen, um unten am Bach Kaulquappen zu fangen und einen Staudamm zu bauen. Teddy hat das nichts ausgemacht. Er ist es schließlich gewohnt, dass sich die Kinder nicht immer nur mit ihm beschäftigen. Nur leider haben sie nach ihrem Spiel vergessen, ihn hier wieder abzuholen! Und nun sitzt er hier, ganz alleine …

Aber Teddy fürchtet sich nicht. Er hat schließlich schon ganz oft gehört, wie die Eltern Louis erzählt haben, dass Gott immer da ist, um auf uns aufzupassen. Er war sogar einmal mit im Kindergottesdienst – und da wurde genau das Gleiche gesagt! Viele, viele Geschichten hat Teddy zusammen mit Louis schon gehört von Leuten, auf die Gott aufgepasst hat. David, Jona, und wie sie alle heißen. Deshalb hat Teddy keine Angst. Außerdem kommt Louis bestimmt bald zurück, um ihn wieder abzuholen.

In der Zwischenzeit betrachtet Teddy neugierig seine Umgebung. So ganz alleine ist er ja gar nicht! Irgendwo hinter sich hört er gerade ein leises Schnüffeln und dann – Hatschi! – ein putziges Niesen. Wer mag das wohl sein? Eine kleine orange-braune Schnauze mit einer schwarzen Nasenspitze schiebt sich da zwischen einigen Blättern und Ästen hervor. Ein kleines Fuchskind ist es, das da neugierig auf Teddy zukommt. Natürlich nicht allein – gleich hinter ihm tauchen auch schon seine Geschwister auf. Fröhlich wedeln sie mit ihren buschigen Schwänzchen und legen die Köpfchen ein bisschen schief.

„Was bist du denn?", fragt das mutigste von ihnen.

„Ich bin ein Teddybär", antwortet Teddy.

„Ein Bär?", fragt das Fuchskind erstaunt, und auch die anderen schauen sehr verwundert drein. „Bären sind doch viel größer als du!"

„Außerdem gibt es die hier gar nicht, hat Mama gesagt", fügt ein anderes Füchslein hinzu.

„Hm ...", macht Teddy da. „Hm, hm ..." Er weiß gar nicht, was er dazu sagen soll. Kennen denn Fuchskinder keine Teddybären? „Also, mit mir ist das so", fängt er an zu erklären, „ich bin natürlich kein großer Braunbär oder so was. Sondern eben ein Teddybär. Und die sind nicht so groß wie wilde Bären, weil Teddybären nämlich für Kinder zum Kuscheln gemacht sind. Wenn sie zu groß wären, könnten die Kinder sie nicht mehr richtig in den Arm nehmen."

Mit dieser Erklärung geben sich die kleinen Füchse vorerst zufrieden. Nach und nach kommen sie alle näher, um Teddy genauer zu betrachten und zu beschnüffeln. Anscheinend riecht er für sie ganz fremd. Anders als die anderen Tiere im Wald.

„Habt ihr denn keine Teddys?", fragt Teddy. „Womit kuschelt ihr denn dann abends, damit ihr besser einschlafen könnt?"

„Dafür brauchen wir doch keine Teddys", erklären die Fuchskinder. „Wir haben doch uns. Wenn Mama uns abends in die Höhle unter dem alten Baum zurückruft und uns schlafen schickt, dann kuscheln wir uns allesamt ganz eng zusammen. Da hat es jeder von uns warm und gemütlich."

Eines der Fuchskinder wundert sich noch, dass Teddy so alleine unter dem Brombeerbusch herumsitzt, wenn er doch eigentlich für die Kinder gemacht worden ist. Aber Teddy erklärt ihm, dass er bestimmt bald von Louis abgeholt wird.

Und so ist es auch. Kurze Zeit später – die Fuchskinder sind gerade von ihrer Mutter abgeholt und nach Hause geschickt worden – da sieht Teddy zwei Menschen über die Wiese auf sich zukommen. Es sind Louis und sein Papa, und die beiden freuen sich sehr, dass Teddy so geduldig auf sie gewartet hat. Fest schließt Louis seinen geliebten Teddy in die Arme und trägt ihn zurück nach Hause in sein gemütliches, kuscheliges Kinderzimmer.

Du wirst Mut fassen, weil du Hoffnung hast.
Du wirst Geborgenheit finden und dich unbesorgt
zum Schlafen hinlegen.

Hiob 11,18

38. Papas Kiste

Tims Papa hat vor ein paar Tagen im Internet etwas bestellt. Tim hat nicht so richtig verstanden, was das war, aber in den letzten Tagen war Papa ganz ungeduldig. Heute ist es endlich geliefert worden. Den ganzen Tag über stand die große, schwere Kiste im Flur herum. Ein paar Mal wäre Tim fast dagegengerannt!

Als der Vater abends nach Hause kommt, wird das Paket endlich ausgepackt. Während Papa sich mit seinem komischen Riesen-Gerät in den Keller zurückzieht, bleibt die Kiste im Flur.

Sie ist so groß, dass Tim komplett hineinpasst. Eigentlich ist sogar noch reichlich Platz übrig ... Ob vielleicht sein Freund Sebastian auch noch mit reinpasst? Tim fängt an zu überlegen. Es wäre bestimmt lustig, zu zweit in der Kiste zu sitzen. Von draußen könnte man die beiden dann gar nicht mehr sehen!

Tim muss an den Kindergottesdienst vom letzten Sonntag denken – da gab es eine Geschichte über König David, und der hat behauptet, dass Gott für ihn wie eine Burg ist, in der er sich vor seinen Feinden verstecken kann. Aus der Kiste kann man bestimmt eine herrliche Burg bauen. Es wäre ein richtig tolles Geheimversteck! Ob Papa die Kiste wohl noch braucht?

„Du, Papa ...!", sagt Tim von der Kellertreppe aus. Papa reagiert nicht, er ist gerade sehr beschäftigt. „Paa-paa!", ruft Tim etwas lauter.

„Hm?", macht daraufhin der Vater, ohne von seiner Beschäftigung aufzuschauen.

„Brauchst du die Kiste noch?"

„Was? Welche Kiste?" Jetzt schaut Papa kurz hoch. „Nein." Und schon ist er wieder in seine Arbeit vertieft.

„Was hast du denn damit vor, Schatz?", fragt jetzt Mama.

„Das ist ein Geheimnis!", antwortet Tim. Und dann nimmt er die riesige Kiste und schleift sie hinter sich her in sein Zimmer.

Am nächsten Tag darf Tim seinen Freund Sebastian einladen. Sebastian war am Sonntag auch im Kindergottesdienst, und er ist von der Idee, ein richtiges eigenes Geheimversteck zu bauen, mindestens genauso begeistert wie Tim. Gemeinsam schieben sie die Kiste in eine Zimmerecke, direkt neben Tims Hochbett. Weil die Kiste für eine Burg nicht die richtige Farbe hat, wird sie zunächst mit Tims neuen Filzstiften angemalt: viele große graue Steine. Tim zeichnet sie mit dem schwarzen Filzstift vor und Sebastian malt sie anschließend grau an. Ein paar dunkelgrüne Moosflecken müssen auch noch dazu. Die gibt es an alten Burgen nämlich immer, sagt Sebastian.

Als Nächstes nehmen sie ihre Bastelscheren und schneiden eine Tür und ein paar kleine Fenster in die Burgmauern. Die abgeschnittenen Pappreste werden als Burgzinnen oben drangeklebt.

Dann sammeln die beiden Jungen alle möglichen Sachen zusammen, die sie zum Bauen noch gebrauchen können: Decken, Stühle, etwas Kordel, das Kopfkissen aus dem Bett und Mamas Wäschekorb.

Die Stühle werden um die Burg-Kiste herumgestellt, die Decken oben drübergespannt. Ein Stück von einer Decke müssen die beiden am Hochbett festbinden, damit sie nicht wieder herunterrutscht – wie gut, dass Tim in der Kommode im Flur die Kordel gefunden hat!

Ein paar kleinere Kissen stibitzt Tim noch vom Sofa im Wohnzimmer. Sebastian findet, dass sie die noch brauchen, um das Geheimversteck ein bisschen besser auszupolstern. Das Kopfkissen allein reicht dafür nämlich nicht.

Nach und nach wird aus der ehemaligen Verpackungskiste eine richtige, gemütliche Burg. Ein bisschen sieht sie aus wie eine Höhle ... Eine Burg-Höhle eben. Ein Burg-Höhlen-Geheimversteck, auf das sogar König David stolz sein könnte!

„Weißt du, was?", meint Sebastian schließlich. „Ich glaube, hier kann uns niemand finden. Wenn ich das nächste Mal Streit mit meiner großen Schwester hab, dann komm ich einfach zu dir und verstecke mich hier!"

„Oh ja. Und wenn Mama und Papa sich streiten, dann kann ich mich hier verkriechen. Oder wenn Tante Luise zu Besuch kommt und mich wieder ständig in die Backen kneift, weil sie mich sooo süß findet!"

Die beiden Jungen sind sich einig, dass ihr Burg-Höhlen-Geheimversteck der beste Einfall seit Langem ist! Am Sonntag müssen sie das unbedingt der Mitarbeiterin im Kindergottesdienst erzählen – die hat Tim schließlich mit ihrer Geschichte auf die tolle Idee gebracht. Aber sonst wird kein Mensch in das Geheimnis eingeweiht!

Wie die Burg ist Gott um uns herum und schützt uns von allen Seiten. Wenn wir traurig sind oder Angst haben, dürfen wir uns bei ihm „verstecken".

Gottes Wege sind vollkommen.
Alle Worte des Herrn sind wahr. Allen, die sich zu ihm flüchten, bietet er Schutz.

2. Samuel 22,31

39. Die alte Burg

Morgens am Frühstückstisch hat Mama etwas aus der Bibel vorgelesen:

„Ich liebe dich, Herr, durch dich bin ich stark! Der Herr ist mein Fels, meine Burg und mein Retter; mein Gott ist meine Zuflucht, bei dem ich Schutz suche. Er ist mein Schild, die Stärke meines Heils und meine Festung! Herr, wenn ich dich lobe und anrufe, dann werde ich vor meinen Feinden gerettet" (Psalm 18,2-4).

Das hat König David vor langer Zeit aufgeschrieben. Und der wusste bestimmt, was er da sagt, schließlich hat er selbst erlebt, wie Gott ihn vor seinen Feinden gerettet hat.

Nach dem Frühstück macht sich die ganze Familie auf den Weg zu einem Samstagsausflug: Mama, Papa, Olaf, Susi und Tim. Auch Oma kommt mit. Heute geht es zu der alten Burg im Nachbarort. Sie steht auf einem Hügel oberhalb der Stadt, sodass man sie schon von Weitem sieht.

Die Mauern der Burg sind ganz schön dick. Als sich Susi in den Torbogen stellt, merkt sie, dass die Mauer dicker ist als sie selbst. Nun ja – Susi ist ja auch nicht gerade besonders dick. Tim stellt sich neben sie. Aber immer noch ist die Mauer dicker und breiter als die beiden Kinder zusammen. Erst, als Olaf auch noch dazukommt, passt es: Die Mauer ist so dick wie Susi, Tim und Olaf zusammen! Kein Wunder, dass die Menschen sich dahinter sicher fühlten!

Nun gehen alle zusammen in die Burg hinein. Kurz hinter dem Torbogen befindet sich ein kleines Kassenhäuschen, an dem sie Eintritt bezahlen müssen. Denn inzwischen ist die alte Burg ein Museum.

Die Eintrittskarten sind hübsch – auf jeder ist ein anderes Bild von der Burg oder den Innenräumen. Auf einer ist auch eine richtige Ritterrüstung abgebildet. Olaf will seine Karte zu Hause in sein Erinnerungsbuch einkleben. Oma hat ihm versprochen, dass er ihre auch haben darf.

Gemeinsam steigt die Familie die Stufen zur Eingangshalle hinauf. Von dort aus geht es in einen großen Saal mit vielen bunten Bildern an den Wänden und an der Decke. Ob hier wohl früher große Feste gefeiert wurden? Susi stellt sich vor, dass sie als Burgfräulein in einem wunderschönen langen Kleid durch den Saal schreitet. Die Ritter und Edelmänner verbeugen sich vor ihr, denn ihrem Vater, dem König, gehört die Burg und das ganze Land darum herum. Schließlich kommt ein junger Prinz auf sie zu und möchte mit ihr tanzen. Susi schließt die Augen und dreht sich im Kreis, als ob sie tatsächlich mit dem Prinzen tanzt.

„Träumerin! Wir wollen weiter!", ruft Papa mit einem Lächeln, und Susi beeilt sich, die anderen wieder einzuholen. Im nächsten Raum steht Tim schon mit großen Augen vor einer alten Ritterrüstung. So etwas haben die Männer früher wirklich getragen? Sieht nicht sehr bequem aus ... und ziemlich schwer! Die Rüstung selber darf man natürlich nicht anfassen. Aber daneben steht eine Holztruhe mit einigen nachgebauten Dingen, die man anprobieren darf. Olaf hat sich schon einen gepanzerten Handschuh übergestreift – gar nicht so leicht, damit noch die einzelnen Finger zu bewegen! Tim greift nach einem Helm.

Er ist tatsächlich ziemlich schwer. Papa muss ein wenig helfen, damit sich Tim den Helm auf den Kopf setzen kann. Puh! Der drückt ganz schön auf die Schultern! Und sehen kann man, selbst mit offenem Visier, auch nicht sehr viel. Aber schließlich war wohl für die Ritter ihre Sicherheit wichtiger als eine gute Sicht. Oder vielleicht wollten sie mit einer solchen Rüstung auch nur Eindruck machen und ihren Gegnern Angst einjagen ...?

Als Tim den Helm wieder abgelegt hat, drückt ihm Olaf einen Dolch in die Hand.

„Hier, schau mal! Damit könntest du dich verteidigen, falls dich jemand angreift. Die richtigen Schwerter sind alle viel zu groß und schwer für dich."

Das hat er schon ausprobiert. Und wenn Olaf als großer Bruder die Schwerter schon kaum anheben kann, dann kann es Tim wohl erst recht nicht. Aber das macht nichts.

Weiter geht es durch Räume, die zeigen, wie die Ritter und Burgfräulein damals gelebt haben. Wie sie gegessen und wo sie geschlafen haben. Die alte Küche befindet sich ziemlich weit unten in der Burg. Dort gibt es eine riesengroße Feuerstelle, über der an einer dicken Kette ein großer, runder Topf baumelt. Bestimmt konnte man darin früher Suppe für sehr viele Leute kochen.

Schließlich hat Oma noch etwas entdeckt. Es ist die Kapelle, in der früher die Gottesdienste für die Menschen auf der Burg stattfanden. Alte Holzbänke stehen darin und es ist ganz still. Als ob sich die Besucher kaum trauen, hier miteinander zu reden. Alle betrachten die Bilder an der Wand oder das Holzkreuz vorne über dem Altar. Es ist ziemlich groß und eine Jesus-Figur hängt daran.

Oma und Susi setzen sich leise und vorsichtig auf eine der Holzbänke. Vielleicht saß auf genau dieser Bank früher einmal der Burgherr mit seiner Frau und seinen Kindern …

„Du, Oma!", flüstert Susi ganz leise. „Kannten die früher auch schon die Bibel?"

„Natürlich", flüstert Oma zurück. „Allerdings vielleicht nicht ganz so gut wie wir heute – die meisten normalen Menschen konnten nämlich nicht lesen und wussten nur das, was die Priester ihnen erzählt haben."

„Hoffentlich haben diese Priester den Menschen auch das gesagt, was Mama uns heute Morgen vorgelesen hat. Dann brauchten sie gar keine Angst mehr zu haben, weil sie in einer doppelten Burg leben konnten!"

„In einer doppelten Burg?", wundert sich Oma.

„Ja! Eine aus Steinen, die man anfassen kann, und dann noch die Gott-Burg, weil Gott wie eine noch bessere Burg die Menschen beschützt!"

Wer den Herrn achtet, lebt in Sicherheit;
er wird auch seinen Kindern
eine sichere Zuflucht sein.

Sprüche 14,26

40. Regenbogen

Ben stapft missmutig durch den Regen. So ein blödes Wetter! Es soll doch Sommer sein! Aber den ganzen Tag schon regnet es. Mal viel, mal wenig, aber immer Regen, Regen, Regen. Hört das denn niemals wieder auf? Alles ist nass – der ganze Spielplatz nicht zu gebrauchen. Nasse Rutsche, nasse Schaukel, nasse Wippe.

Vor lauter Ärger stampft Ben ganz feste mit den Füßen auf. Platsch! Mitten in die nächste Pfütze hinein. Und gleich noch einmal, mit beiden Füßen. Platsch! Das Wasser spritzt in alle Richtungen.

Ben hüpft noch ein paar Mal von einer Pfütze in die nächste, dann hebt er den Blick und schaut sich um. Nun hat er gar nicht aufgepasst, wo er hingelaufen ist. Vor sich sieht er Büsche und Bäume – das Gestrüpp ganz am Ende des großen Spielplatzes. Bei schönem Wetter kann man hier prima Verstecken spielen.

Da entdeckt Ben auf einmal ein Glitzern. Was das wohl sein mag? Als er genauer hinschaut, merkt er, dass es lauter kleine Wassertropfen sind. Sie glitzern auf Blättern und Zweigen. Auch ein kleines Spinnennetz in einem Busch ist über und über voll davon. Als Ben eine Blattspitze vorsichtig mit dem Finger anstupst, laufen all die kleinen Wassertropfen auf dem Blatt an der Spitze zusammen. Dort bilden sie einen einzigen großen Tropfen, der schließlich herunterfällt und mit einem leisen „Platsch!" auf Bens Gummistiefel landet. Das gefällt Ben so gut, dass er es gleich noch öfter ausprobiert.

Dann zupft er an einem Blatt, das ein bisschen höher hängt. Und auf einmal bewegt sich der ganze Ast über Ben, tausend kleine und große Tropfen rieseln auf ihn herab, auf seine Jacke und seine Gummistiefel, seine Kapuze und sein nach oben gestrecktes Gesicht. Das fühlt sich lustig an. Erst kommen ganz viele große Tropfen, die platschen und spritzen, und danach kommen kleinere, die prickeln und plitschen. Ben muss ein bisschen lachen – Regenwetter kann also auch spannend sein.

Als er sich genug im Gestrüpp und zwischen den Bäumen umgesehen hat, kommt Ben wieder zurück auf den Spielplatz. Ob es vielleicht noch andere schöne Dinge zu entdecken gibt?

Am Eingang zum Spielplatz stehen einige große Steinkästen mit Blumen drin. Als Ben dort ankommt, stellt er traurig fest, dass manche von den zarten Blüten im Regen kaputtgegangen sind. Aber viele von den anderen leuchten immer noch in bunten Farben. Und in manchen Blüten hat sich das Wasser gesammelt wie in einem kleinen Teich. Ob den vielleicht die Käfer und Ameisen zum Baden benutzen, wenn sie nach dem Regen wieder aus ihren Verstecken hervorkommen? Das würde Ben gerne einmal beobachten! Kichernd stellt er sich vor, wie die größeren Käfer den kleineren das Schwimmen beibringen – natürlich erst mal in einer nicht ganz so tiefen Blüte.

Über all den vielen Entdeckungen hat Ben gar nicht bemerkt, dass es längst aufgehört hat zu regnen. Noch tropft es von den Bäumen und Büschen, aber am Himmel ist die Wolkendecke immer dünner geworden. Nun bricht sie an einer Stelle ganz auf. Ein Sonnenstrahl dringt hindurch und glitzert und funkelt auf dem nassen Blumenbeet. Erstaunt sieht Ben zum Himmel hinauf. Tatsächlich! Der Regen ist vorbei.

Als Ben sich umdreht und über den nassen Spielplatz schaut, entdeckt er noch etwas anderes: Über den Bäumen auf der anderen Seite steht am Himmel ein wunderschöner bunter Regenbogen. Vor den letzten grauen Wolken leuchtet er besonders schön und strahlend, wie ein Geschenk oder wie ein an den Himmel gemaltes Versprechen. Ben lächelt vor sich hin – so ähnlich also hat sich Noah damals gefühlt, als ihm Gott nach der Sintflut den Regenbogen geschenkt und versprochen hat, dass es nie wieder so schlimm regnen würde wie damals. Gott hält seine Versprechen!

Und Gott sprach: »Ich gebe euch ein Zeichen als Garantie für den ewigen Bund, den ich mit euch und allen Lebewesen schließe: Ich setze meinen Bogen in die Wolken. Er ist das Zeichen meines unumstößlichen Bundes mit der Erde. Jedes Mal, wenn ich Regenwolken über die Erde schicke, wird der Regenbogen in den Wolken zu sehen sein. Dann werde ich an meinen Bund mit euch und mit allem, was lebt, denken.«

1. Mose 9,12-15

Ich will mich in Frieden hinlegen
und schlafen,
denn du allein, Herr,
gibst mir Geborgenheit.

Psalm 4,9

Gute Nacht!

Irina Kostic, Stefanie Klaßen (Illustr.)

Von Briefmarkenfröschen und Gummibärchenigeln

Kleine Abenteuergeschichten mit Gott

30 kleine Abenteuergeschichten für Kinder ab 3 Jahren. Toni, Basti, Merle und Marie sind die besten Freunde. Gemeinsam bestreiten sie Abenteuer des Alltags, die jedes Kindergartenkind kennt: Sie spielen Indianer, finden einen Frosch, backen Sand-Kuchen … Dabei begegnen sie immer wieder biblischen Aussagen und vielen Überraschungen. Geschickt zeigt die Autorin Irina Kostic („Sieben Jahre ohne Pommes"), wie schon die Kleinen biblische Werte im Alltag umsetzen können: z. B. sich versöhnen, einander zuhören und ehrlich sein.

Gebunden, 13,5 x 20,5 cm, 128 S.
ISBN: 978-3-417-28653-3
€D 10,95 / €A 11,30 / CHF 16.50

für Jungen

für Mädchen

Mary Joslin, Ruchi Mhasane (Illustr.)

Ich bin immer für dich da

Was Gott dir verspricht

Die Bibel versichert uns Gottes unendliche Liebe und Zuwendung. Geben Sie Ihrem Kind diese kostbaren Worte mit auf den Weg, damit es aus ihnen immer wieder Kraft und Freude schöpfen kann. Gott hält, was er verspricht. Seine Zusagen begleiten uns ein Leben lang. Wunderschöne Bilderbücher für Jungen und für Mädchen ab 3 Jahren.

jeweils:
Gebunden, 18 x 17 cm, 32 S.
ISBN: 978-3-417-28648-9 (für Jungen)
ISBN: 978-3-417-28649-6 (für Mädchen)
€D 9,95 / €A 10,30 / CHF 14.90

SCM
Kläxbox